孩子的敏感期 教养的关键期

蒙氏教育国际专家

[加] 卢欣——著

北京理工大学出版社
BEIJING INSTITUTE OF TECHNOLOGY PRESS

图书在版编目（CIP）数据

孩子的敏感期，教养的关键期 /（加）卢欣著．—北京：北京理工大学出版社，2017.10

ISBN 978 – 7 – 5682 – 4848–8

Ⅰ．①孩…　Ⅱ．①卢…　Ⅲ．① 儿童教育 – 家庭教育　Ⅳ．① G781

中国版本图书馆 CIP 数据核字（2017）第 221432 号

北京市版权局著作权合同登记号图字：01–2017–6001

出版发行 / 北京理工大学出版社有限责任公司
社　　址 / 北京市海淀区中关村南大街 5 号
邮　　编 / 100081
电　　话 /（010）68914775（总编室）
（010）82562903（教材售后服务热线）
（010）68948351（其他图书服务热线）
网　　址 / http://www.bitpress.com.cn
经　　销 / 全国各地新华书店
印　　刷 / 北京市雅迪彩色印刷有限公司
开　　本 / 710 毫米 ×1000 毫米 1/16
印　　张 / 22.75
字　　数 / 275 千字
版　　次 / 2017 年 10 月第 1 版　2017 年 10 月第 1 次印刷
定　　价 / 48.00 元

责任编辑 / 秦庆瑞
闫风华
文案编辑 / 闫风华
责任校对 / 周瑞红
责任印制 / 施胜娟

序：敏感期是孩子的“人生起跑线”

曾经有位妈妈给我写了一封信，信中情绪显得很焦虑。她说她的孩子将近2岁还不能够说一句完整的话，而和他同年龄的一些孩子不但说话清楚，而且还能够表达一些简单的意思，比她儿子强多了。然后她就问我这是为什么，问我有没有什么好的办法帮助她解决孩子说话这个问题。

我给了她一份如何帮助孩子提升语言能力的清单，并告诉她0～6岁是孩子的语言敏感期阶段，在这个阶段，孩子语言能力的快和慢取决于孩子本人，不必担心。她收到我的答复后，反倒更加担心，因为她认为自己已经做了很多的努力，包括我给她的建议，她在这之前都有做，但是孩子至今为止只能说个别单词，比如“爸”“妈”等，让他多说两句，孩子都不愿意。

我当时想，既然那位妈妈如此努力，为什么孩子还会这样呢？通过和她的邮件往来，我找到了原因。虽然没有见过这位妈妈，但是从她给我的信件中，我可以感觉到她是个急性子的母亲。在我这么一位陌生人面前，她都表现出非常焦虑的语气，那么可想而知，当她看到儿子的语言表现时，那种“恨铁不成钢”的心情有多么强烈了。然后我就又给她写了封信，再次强调她的孩子很正常，希望她能够自查一下她的态度，也就是当儿子不能说清楚话的时候，她是否当着儿子的面嘲笑儿子，或者拿其他孩子和自己的儿子比，让孩子失去了自信心，变得害怕说话或者不愿意表达自己了。最后一次，我和这位妈妈谈到了她的态度，并希望她反省自己的一些做法，她变得安静了，回复我说："谢谢，我明白应该怎么做了。"

看来她是有这样的毛病，喜欢抱怨孩子，结果把孩子说话的愿望给打压了下去。但是真正导致她与孩子在说话这个问题上产生矛盾、令孩子不愿意开口说话的原因，是这位母亲完全不了解儿童敏感期的特点及其对儿童发展与成长的重要性！她打乱了孩子正常想学习说话的愿望和步骤，育儿没有达到预期的效果，反而事倍功半。

来自各种焦虑父母的类似问题还有很多：

我女儿莫名其妙地，刚见到我同事的孩子就打人家，怎么回事啊？

我儿子啊，2岁了，见着谁咬谁，为啥呀？

我那孩子打开衣柜，把我抽屉里的衣服一件一件拿出来扔到地上，全搞脏了，怎么办啊？

……

面对孩子出现的一连串"为什么"的行为，很多父母都觉得教育孩子非常困难，都希望找到育儿的奥秘和良方。相信每个孩子的父母，在孩子成长的过程中，或多或少都会有"如何教育孩子"的困惑：

不能让孩子输在"起跑线"上，那么孩子到底有没有"人生的起跑线”？

怎么看待孩子成长发展中的快和慢？

如何理解孩子在发展成长的阶段所出现的各种行为？

如何理解每一个孩子都是不一样的？

又如何为自己的孩子开展个性化的家庭教育？

我们之所以今天在这里重提“起跑线”，是因为孩子的确是有“起跑线”的，而且非常重要。但是这条“起跑线”并不是社会上那些商业教育机构所鼓吹的让孩子在幼儿阶段要学会多少个汉字和英文单词，或者会做多少道数学题，等等，而是每一个幼儿天生就具备的自我成长的能量，也就是孩子在人生之初“金不换”的儿童敏感期的发展规律。每个孩子都是“天才”，都具有天生的学习能力和潜力，都具有极强的可塑性！这个，相对于马拉松般的漫漫人生路来说，儿童“敏感期”出现时，就容不得父母不慢下来；而没有出现的时候，也容不得父母“拔苗助长”。孩子在0～6岁的敏感期的发展规律，让人们真正体会到了生命发展中“快”和“慢”的平衡，彰显了“教育是平衡的艺术”的曼妙。如果父母能够了解一些儿童的生命发展规律，有助于理解教育的“快”和“慢”，也就不至于在育儿的问题上过于焦虑和走极端。

既然儿童敏感期如此重要，那么到底什么是儿童敏感期？如何理解敏感期对于儿童发展和成长的意义呢？

儿童敏感期，最早是由意大利著名教育家蒙特梭利女士提出并已得到科学验证的、儿童健康成长的生命发展和学习规律，也是最关键的育儿理念。更重要的是，虽然敏感期的基础理念适合养育全世界的每一个孩子，但由于不同的国情、生活环境和家庭环境对孩子的成长有着重要的影响，所以中国的父母要根据孩子的具体情况具体分析，以便对症下药。

具体来说，敏感期是指孩子在0～6岁的成长过程中，出于自身发展的内在需求和内在生命力的驱使，在某个时间段内，突然对某个特定的事情或事物非常感兴趣，甚至表现出一种狂热的状态，对某一项技能技巧和认知能力的掌握有一个发展最迅速、最容易受到影响的时期。

由于每个孩子都不一样，成长过程也不一样，所以敏感期出现的顺序不尽相同：有的孩子是动作的敏感期先出现，有的孩子则是语言敏感期比其他很多孩子都要快。儿童敏感期发展的“快”和“慢”，是由每个孩子自身发展的快慢步伐来决定的，只要在敏感期发展的时间范围之内，都是正常的。

敏感期都会包含初始期、高峰期和下坡期。在高峰期的时候会出现爆发性的现象，如果这个时期父母及时给孩子适时适地的教育，提供有利于孩子能力发展的环境和条件，将会起到事半功倍的效果。如果错过了敏感期，孩子各方面能力提升的难度就会加大。

儿童敏感期主要由最具影响儿童身心健康成长的十大敏感期组成。在这本书里，我们列举了父母在育儿过程中会出现的主要问题，以及儿童常见的发展问题，并将蒙特梭利的敏感期育儿理念与中国实际相结合，为大家答疑解惑。那么，儿童都有哪些敏感期呢？会有哪些常见的问题与这些敏感期有关，又该怎么解决呢？这些问题，我们一一都可以在书里找到答案。

1.感官敏感期（0～6岁）

为什么孩子喜欢吃手指头？为什么小手常常打人？为什么孩子喜欢东摸西摸和到处观察？

2. 动作敏感期（0～6岁）

为什么孩子总喜欢上下跳跃？为什么小手肌肉和身体肢体的发展与智力有关？

3. 语言敏感期（0～6岁）

孩子是怎么开始学习说话的？为什么孩子喜欢“打破砂锅问到底”？为什么我的孩子讲话不清楚？

4. 空间敏感期（ 0～6岁）

为什么孩子喜欢玩“躲猫猫”的游戏？为什么孩子喜欢把不同大小的容器叠加起来？为什么孩子的早期数学空间思维会在这段时期开始萌芽？

5. 秩序敏感期（0～4岁）

孩子为什么会任性？孩子为什么对做事的秩序有着极致的要求？为什么这是孩子养成良好生活习惯的关键时期？

6. 关注细小事物敏感期（1.5～4岁）

很多父母抱怨自家的孩子缺乏专注力，那么如何培养孩子的观察力和专注力？

7. 肛欲敏感期（1.5～3岁）

为什么孩子喜欢观察自己的大便？为什么孩子喜欢以控制自己的大小便为乐？为什么孩子在这个时期开始了性的萌芽？为什么说这直接关系到孩子成年之后是否幸福地生活？

8. 人际关系（社交）敏感期（2～6岁）

为什么孩子会有强烈的自我意识、什么都强调“我”？为什么孩子出现爱说“不”的令人讨厌的行为？如何培养孩子得体的社交礼仪，帮助孩子建立良好的人际关系？

9. 性别敏感期（3～5岁）

为什么孩子要和自己的爸爸妈妈或者老师“结婚”？为什么孩子开始对异性的小伙伴产生好感？如何帮助孩子保护自己的身体，使其免受不法分子的侵害，从而在成年后拥有健康心理和幸福生活？

10. 阅读敏感期（3～5.5岁）

为什么孩子从0岁就开始的“阅读”，将影响其阅读敏感期的爆发？为什么孩子的识字与早期阅读有关系？早期阅读就是为了认字吗？

“儿童敏感期”就是孩子“人生的起跑线”，是生命发展的规律，是关系到父母在孩子0～6岁这个关键期能否顺应孩子的发展规律，让孩子身心健康地成长，从而实现育儿“事半功倍”的关键因素。

育儿其实并不复杂，当为人父母者了解了一些敏感期的发展规律，了解了自己的孩子，很多育儿问题也就迎刃而解。无论如何，父母都必须牢记的、最重要也是最简单的育儿理念是：儿童敏感期是属于每一个孩子的。每个孩子的天赋和个性都是唯一的，所以切勿拿自家的孩子和别家的孩子进行比较或者攀比。任何孩子发展的快和慢，都取决于敏感期节奏的不同，都是很正常的表现。自家孩子在敏感期期间的发展有自己的步调，而不是按照父母的“时间表”，更不会按照其他家庭孩子发展的“时间参照表”。尊重孩子敏感期的发展，就是尊重孩子生命发展的规律！

在这个“金不换”的儿童敏感期阶段，父母唯一能做的就是：尊重孩子，信任孩子，了解孩子，跟随孩子的内心需求和渴望，为孩子的发展创造良好的生长环境。这种“因材施教”的环境包括生活、学习环境等硬件设施，也包括孩子的正常活动和父母正确的育儿观、价值观，比如良好的亲子关系、规则和自由、视野和胸襟、生活态度、爱的能力等软件设施。当良好的环境最大限度地激发孩子的潜能，那么孩子在加速前进的时候，没有任何人能够阻挡这股前进的力量！力量之大，也绝非成年人能够想象得到！

激发生命，让生命自由发展，是所有成年人的首要任务；在育儿的问题上，过度焦虑或者忽视发展，都是对孩子情商和智商发展的最大伤害。与其抱怨在育儿过程中出现的各种困难，成年人不如多学习多实践，总结出自家孩子的发展特点，从而在家庭中“因材施教”，在敏感期追随孩子的内心需求，并协助孩子成为一个情商、智商都发展良好的“完整小孩”。

卢欣

2017.9.10

家庭教育的基本常识：理解孩子是教育的起点

感官敏感期（0~6岁）认知世界的开始

动作敏感期（0~6岁 ）大小肌肉的协调发展的关键期

语言敏感期（0~6岁）人类心智表达和社交的学习阶段

空间敏感期（0~6岁）建立数学二维和三维空间的基础

秩序敏感期（0~4岁）良好生活习惯养成的最关键时期

关注细小事物敏感期（1.5~4岁）形成专注力和观察力的好时期

还在为孩子做事缺乏“专注力”和“观察力”而感到苦恼吗？其实，孩子天生就具备这些能力，只是父母忽略了，并有可能在不经意间破坏了孩子天生就有的能力。

肛欲敏感期（1.5~3岁）性心理发展的重要阶段

想知道孩子为什么会憋大小便、玩自己的大小便、尿裤子吗？这是幼儿性心理发展的重要时期，对其良好性格和健康心理的形成有着举足轻重的影响。

人际关系（社交）敏感期（2~6岁）学习如何交朋友的重要时期

孩子不肯分享、和人打架、内向、不懂得怎么交朋友等，怎么办？孩子怎样才能成为一个会交朋友、人缘好、有社交能力的人呢？拥有良好的社交能力是孩子未来竞争中所需的一种实力。

性别敏感期（3~5岁）性别意识和自我保护意识建立的重要时期

阅读敏感期（3~5.5岁）养成良好阅读习惯的重要时期

家庭教育的基本常识：理解孩子是教育的起点

父母在育儿的过程中，最大的痛点往往就是不知道如何理解孩子，由于不理解而导致不懂得如何与孩子沟通，进而造成父母和孩子之间的矛盾与痛苦。其实，育儿并不复杂。作为父母，当你了解了孩子“敏感期”的成长规律，那么许多看起来“棘手”的育儿问题也就迎刃而解了。

敏感期是儿童能力大发展的基础

很多父母在育儿过程中感到非常困惑的是：为什么我家的孩子2岁了还不会说话，而别人家的孩子1岁多就已经说得很流利了？为什么我的孩子与小朋友在一起，总喜欢咬人？为什么我的孩子总不停地往地上扔东西……非常多的困惑，父母不解。由于不了解孩子，就会产生很多的误解，进而造成问题的出现，于是责怪孩子，导致亲子关系紧张。

其实，孩子在0～6岁这个阶段，各种能力发展的快慢以及成长过程中出现的一些问题，除了身体健康方面出现的问题外，大多都是受到孩子的"敏感期"的影响，是正常的。"敏感期"并不是什么高深的理论，而是帮助父母淡定地理解"万物有时"的内在发展规律的好帮手，更是儿童能力大发展的基础。父母只有理解了什么是"敏感期"，才能够真正体会到每个孩子都是独立的个体。

"敏感期"是孩子生命发展的规律，是人类发展的规律，是关系到父母在孩子0～6岁这个关键期能否顺应孩子的发展规律，从而实现育儿"事半功倍"的关键因素。

一、孩子的10个主要敏感期

0～6岁是人生的最重要时期。儿童是带着巨大的潜能降生的，出生后以力所能及的方式积极探索周围的环境，吸收环境中的一切，建构自己的心理，渐渐走向独立。心理发展的许多方面，如语言、动作、感知、关注细小事物、秩序感、社会化等，其敏感期相继出现在六岁前。敏感期是儿童发展的最佳时期，是儿童各种能力大发展的机会之窗。

0岁 1岁 2岁 3岁 4岁 5岁 6岁

感官敏感期（0~6岁）

动作敏感期（0~6岁）

语言敏感期（0~6岁）

空间敏感期（0~6岁）

秩序敏感期（0~4岁）

关注细小事物敏感期（1.5~4岁）

肛欲敏感期（1.5~3岁）

人际关系（社交）敏感期（2~6岁）

性别敏感期（3~5岁）

阅读敏感期（3~5.5岁）

1. 感官敏感期（0~6岁）：孩子从出生起，就会借着听觉、视觉、味觉、嗅觉和触觉等感官来熟悉环境和了解事物。

2. 动作敏感期（0~6岁）：在这个阶段，一开始孩子会漫无目的地做各种动作，然后通过学习，逐步发展成为自己能协调和控制的动作，比如触摸、转身、平衡、爬行、行走以及跳跃等。

3. 语言敏感期（0~6岁）：孩子从开始注视大人说话的嘴形，并发出牙牙学语声时，一直到能说出词语、短语和句子的过程。

4. 空间敏感期（0~6岁）：孩子运用自己身体的各个部位，通过跳、扔、钻等来探索空间，这是儿童一个自我创造的过程、一个突破极限的过程。

5. 秩序敏感期（0~4岁）：宝宝一出生就有追求秩序的基本情感需要，到了2岁左右的时候，这种内在的需求就进入了一个“爆发期”。孩子在这个时期对于规则和秩序有着非常着迷的表现，而且要求他所熟悉的事物要保持一致性，不可以变动。

6. 关注细小事物敏感期（1.5~4岁）：孩子喜欢细小的物体或者关注小细节，比如对泥土里的小昆虫或者成年人衣服上的细小图案产生兴趣。这对训练孩子眼和手的协调性有所帮助，同时是培养孩子缜密习性的好机会。

7. 肛欲敏感期（1.5~3岁）：随着孩子神经系统的发展和完善，孩子逐步学习如何撒尿和大便。此时期的孩子以控制自己的大小便为乐，不排除喜欢憋尿的情况，这个肛欲期一般经历两个月左右就会结束。

8. 人际关系（社交）敏感期（2~6岁）：这是一个孩子从开始对礼仪和规范行为的模仿和关注，到逐步将其内化并成为自己个性的一部分的过程。在这个过程中，孩子逐渐脱离以自我为中心，而对结交朋友和群体活动有明显倾向。

9. 性别敏感期（3~5岁）：孩子对自己身体器官的探索以及通过和别人的交往，逐渐建立了对性别的理解。这对于孩子未来的社会角色定位和家庭角色定位都非常重要。

10. 阅读敏感期（3~5.5岁）：孩子出生后，父母给孩子看的图片或者给孩子读书等都算是阅读。等到了3岁，孩子开始大量对文字和读音感兴趣，如果父母提供良好的阅读条件，孩子就能逐渐地自主阅读，并养成良好的阅读习惯。

二、敏感期的主要特点

很多父母会问：既然敏感期这么重要，那么如何才能够知道孩子的敏感期是否到来了呢？要想解决这个问题，父母应该了解敏感期的主要特点，这将有助于父母了解孩子，并通过观察而了解这一生命发展规律的奇妙。

特点1. 每个孩子都不一样。

首先，父母必须记住的最重要也是最简单的育儿理念是：每个孩子的天赋和个性都是唯一的；任何孩子发展的快和慢，都取决于敏感期节奏的不同，都是很正常的表现。

特点2. 强烈的兴趣和爱。

在一段时间里，孩子对周围环境中存在的事物有着特殊的兴趣和心理的需求，这是一股来自孩子内心深处的势不可挡的力量。它会令孩子在这个特殊时期内心洋溢着喜悦，对他热爱的事物充满了好奇和探索精神。这种爱不是一般理解意义上的情绪感觉，而是一种爱的智慧——通过爱来吸取外界事物并且建构自己。正是这种爱，使儿童对周围环境有那般的热情和细致的观察态度。比如孩子动作敏感期中的“手的敏感期”到来的时候，孩子喜欢摔东西并观察东西摔破后的形状；走到哪儿，小手就摸到哪儿；抓握能力也开始增强。

特点3. 高度的专注力。

在一段时间里，孩子会对环境中的某一事物集中其全部的关注力，这种对某种活动长时间的专注和热爱令孩子从不厌倦，并让孩子拥有持久的能量和兴趣。比如语言的敏感期到了，他会长期关注父母说话时的表情和嘴形。

特点4. 反复地实践。

孩子的行为出现了反复性，而且乐此不疲。如孩子阅读的敏感期到来时，他会反反复复，每天甚至一天多次地翻看一本书，而且很专注。这种反复性是孩子自我学习能力的体现，同时也帮助孩子树立了自信心。因为通过反复实践，孩子每一次都能发现不同的内容，每一次都能学习到不同的、自己想要的知识，并获得乐趣。

特点5. 想象力和创造力。

这种兴趣源于孩子的无意识，但是最终会引领孩子走向有意识和创造性的活动。

特点6．敏感期的“花开有时”。

每个敏感期都包含初始期、高峰期和下坡期。当某种暂时的状态一旦结束，孩子的敏感期就消失了。敏感期一过，这就意味着孩子的学习失去了在“敏感期”期间的那种顺势而为的力度，这种学习包括生活能力、学习能力的获得，以及情感能力的获得等。

三、敏感期发展期间的养育重点

“六不要”原则是为了最大限度地激发儿童的“内在潜能”，并按其自身规律获得自然且自由的发展。父母应该仔细观察和研究儿童，了解儿童的内心世界，热爱儿童，尊重儿童的个性，促进儿童智力、精神、身体与个性的自然发展。

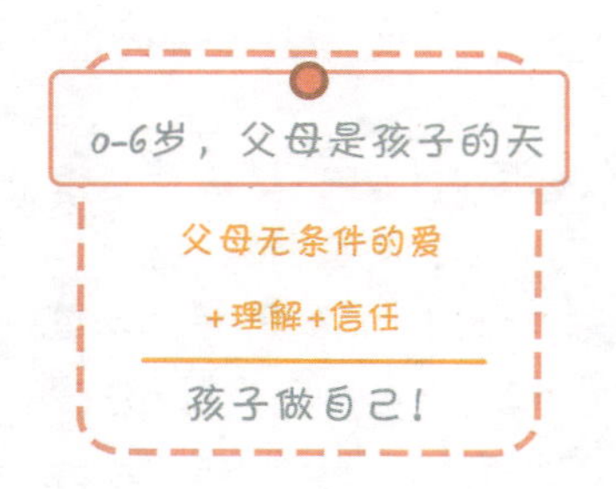

1．不要忽视环境。

环境教育孩子，环境对于孩子身心的发展起着重要的作用。给孩子一个属于自己的空间，环境一定要适宜，否则他的潜能也就无法得到发展。父母应该提供尊重孩子需求的活动环境，提供符合他们自然发展的用具，提供能够让孩子动手创造的活动，比如所有属于孩子的物品应该是孩子所喜爱的，尺寸是符合他们操作能力的。要维持必要的安宁气氛和秩序，避免孩子在工作或游戏的时候受到干扰。因为孩子是这个环境中的主人，拥有安全、自由和尊重，他才能快乐地成为他自己。

点评（左图）：如果孩子什么都不能动，那么他在家里就没有了自主探索的空间，这就阻碍了孩子通过自由学习而成长的进程。

点评（右图）：在活动中，孩子应能够自由选择他感兴趣的东西，发挥极大的自主权。孩子可以自发地去利用环境，自主选择想要做的事情。这样，就充分发挥了孩子的主动性，使学习变得轻松愉快。当你听到孩子对你说："这是我自己干的""这是我的小抽屉"时，我们不难体会到：儿童作为一个独立的人，他是多么的自信，多么的自豪！

2. 不要攀比。

每个孩子的天赋和个性都是不同的，所以切勿将自家的孩子和别家的孩子进行比较或者攀比。自家孩子在敏感期期间有自己的步调，而不是按照父母的"时间表"，更不会按照其他家庭孩子发展规律的"时间参照表"。尊重孩子敏感期的发展规律，就是尊重孩子生命发展的规律！

点评（左图）：请父母保持一颗宽容心，因为你的焦虑情绪会对孩子造成不良的影响。孩子有时做错事或做事速度缓慢，是因为他们的动作协调性还需进一步练习，而不是存心捣乱、故意出错。所以父母要保持平常心，具体情况具体对待。不要使用“我对你太失望了”“你怎么老是做不好”等抱怨的词句，以免打击孩子的自尊心，使孩子产生自卑感，丧失进取向上的动力。

点评（右图）：父母应多说称赞、鼓励、肯定、感谢的话语，容忍孩子的失误，放手让孩子尝试。千万不要急着催孩子，要尊重孩子的速度，给孩子进行反复实践的机会。这将使孩子能够最终拥有自信心去克服困难，以自己的速度成长。

3. 不要过多干涉。

孩子不是一个等待大人来填满的容器，而是具有能力的天生的学习者。父母们应该放开保护的手，做一个冷静的“旁观者”，让孩子在安全的前提下，有足够的自由去探索一切。在观察孩子的时候，不要以自己的主观意愿和个人经验评价孩子，应该站在孩子的角度上分析，真正了解孩子的内在需要，采取正确的方式配合孩子的成长。父母是协助、引导而不是教育，是一个观察者、示范者和协助者。

点评（左图）： 很多父母担心自己的孩子不能自主，所以进行了过多的干涉，比如给孩子规定好应该玩什么，应该怎么玩等。这样的做法，将直接毁灭孩子的想象力和创造力。父母应该尊重孩子敏感期的内心需求，不要干涉和破坏，而是尽可能地在这些敏感期给孩子提供发展的环境。

点评（右图）： 父母应该鼓励孩子以自己的方式去尝试。就算你想让孩子接触更多的学习机会，也不要以大人的眼光干涉孩子，而是引导或者直接简单示范，或者与孩子一起体验不同的玩法。如果孩子有错，父母应该引导孩子自我发现错误并改正，而不是直接过去纠正孩子的错误。

4. 不要没有规则。

给予孩子爱和自由，并不是放任孩子，让孩子为所欲为。孩子在自由的同时还必须遵守纪律，学会遵守秩序，成为一个自律的人。家庭生活要有规矩，在遵守规则的条件下，父母应该尊重孩子的选择，孩子可以自由地活动，做他想做的事情。孩子要遵守的规则，应该由父母和孩子一起制定。

点评（左图）：父母自己没有原则，为孩子树立了一个坏榜样，就不要责怪孩子没有规矩。

点评（右图）：父母以身作则遵守家庭规则，是孩子行为准则最好的示范样板。

5. 不要轻视家务。

家庭是孩子接触的第一个环境，那些成人们觉得简单、平常的家务劳动，比如扫地、擦桌子、倒水、浇花等，都是孩子很乐于参与的活动，因为孩子们会从中实现自我、收获自信和享受快乐。经常参与家务劳动的孩子，往往在秩序感、责任心、独立性和自信心等方面表现都较为突出。

点评（左图）： 让孩子参与家务劳动是一种积极而又自然的教育良方，它能培养孩子的动手能力、责任心和同理心。如果孩子们没有亲身体验过如何扫地、如何擦桌子、如何使用工具，他就不会获得真正的能力。所以，父母千万不要拒绝孩子的帮忙。

点评（右图）： 父母鼓励孩子参与家务劳动并感谢孩子，就给了孩子一个良好的成长机会。父母在分配给孩子家务劳动时，应当考虑到孩子的实际年龄。比如：2~3岁的孩子可以学习收拾自己的玩具，帮助父母取放一些轻便的物品；4岁的孩子可以在吃饭的时候分发碗筷，叠放全家人的衣物，还可以在厨房里协助大人剥豆角等；5岁的孩子可以尝试洗自己的小手帕、短袜等。

6．不要忽略社交。

父母应该多为孩子创造在家庭之外和其他儿童接触的机会，同时培养孩子的社会责任感。3岁以下的孩子如果和其他孩子在一起的机会过少，会造成长大后不会主动交友的社会障碍。父母应积极寻找机会，带孩子到孩子多的地方去，比如公园、幼儿园、亲子园，让幼儿产生和别人交往的自主愿望，培养孩子的社交能力，促进孩子的社会性发展。

点评（左图）： 孩子的社交礼仪是在与人交往的过程中以及父母平时的言传身教中学习到的。父母有责任告诉孩子正确的人际交往方式。

点评（右图）： 一个人的社会责任感往往是在与人的交往中以及父母的言传身教中形成的。在交往中学习为自己的选择承担责任，这是每个人都必须经历的。父母有责任引导孩子积极参与社会生活，并让孩子愉快地承担责任。

最后的总结：

每个孩子都不同，每个孩子的父母都应该用自己的心去探索和发现适合自己孩子的教育方法。

如果父母希望孩子健康成长，就必须先发展、观察孩子的能力，在理解和爱的基础上接纳他们。父母要了解孩子的成长模式，并且要信任孩子。请给孩子发展的自由，敢于让他们成为他们自己的样子，走自己的路。孩子的成长过程，也是父母的成长过程。

尊重孩子、信任孩子、了解孩子，跟随孩子的内心需求和渴望，为孩子的发展创造良好的成长环境。这种“因材施教”的环境包括生活、学习环境等硬件设施，也包括孩子的正常活动、良好的亲子关系和父母正确的育儿观、价值观，以及父母的视野和胸襟、生活态度、爱的能力等软件环境。这种良好的环境能最大限度地激发孩子在“敏感期”期间的潜能，当孩子在加速前进的时候，就没有任何人能够阻挡这股前进的力量！这种儿童能力的大发展也绝非成年人能够想象得到的！

孩子的健康成长需要一个怎样的家？

家，到底是什么？家应该是一个永恒的充满爱的地方！

有的父母每天的生活模式是这样的：早上刷牙、洗脸、骂孩子；晚上吃饭、洗澡、更衣、骂孩子；周末陪孩子上兴趣班，还是骂孩子。难道家庭的生活气氛每天就是如此单调、紧张得让人透不过来气吗？

家不是一个争吵的场所，父母给孩子的爱不是控制和伤害，而是尊重孩子的个性，聆听他们的心声，给他们空间，让爱的灯火长明；和孩子一起阅读，讨论各种问题，听取彼此的意见，形成良好的、民主的家庭氛围；当孩子长大，在充满风雨的世界受伤的时候，还有一个随时欢迎他回来的温暖的港湾。爱是慢慢“养”出来的，孩子的健康成长需要一个温暖健康的家。请给孩子一个充满爱意的家吧！

对于幼儿来说，温馨的家包含两大方面：一个是安全的、属于孩子的居住环境；一个就是由爸爸妈妈组成的人文环境。

一、家是一个安全的、属于孩子的居住环境

孩子的行为与他所处的环境之间存在紧密的关系：相比肮脏凌乱的家庭居住环境，一个安全、亲切和适宜的环境，不但能够满足孩子健康的生理需求，还能够帮助孩子养成良好的生活和学习行为；不但可以自然地激发孩子的潜能，激励他自由自愿地探索周围的环境和生活，还帮助他建立起源于内心的精神归属感。

1. **孩子居住的环境应该是安全的，这能帮助孩子建立非常重要的“安全感”**：家中所有的插座必须要覆盖好；药品和各种清洁剂要放在孩子够不到的地方；所有家具的边角应是圆形的以防孩子撞到，最好用实木家具而不是玻璃，同时简单轻便，易于移动。父母必须经常检查家中的各种摆设，以确保孩子活动的安全。

2. **整洁有序和可探索的居住环境**：孩子的衣服挂在孩子可拿到的高度；玩具整齐地摆放在低矮的架子上或者纸箱、篮子里；图画书摆放在小书架上；孩子的画或者手工可挂在孩子的视线高度供欣赏。孩子在井然有序的环境中能够自由走动和探索，有秩序的环境对于孩子良好生活习惯的养成也有很大的帮助作用。

3. **方便孩子上下的小床**：为幼儿准备一张低矮的、可供其自由上下的小床，甚至可以是放在地板上的小床垫，让孩子感到舒适和安全。当孩子可以自己上床睡觉，掌控自己行为的心理需求得到满足时，孩子也更乐意在这张属于自己的小床上和爸爸妈妈道“晚安”以及做各种美梦。孩子睡得好，情绪自然就会好。

床上的小被子大小要适中，可以让孩子动手去整理床铺；床边的墙上挂着孩子的涂鸦和一些有趣的动物、人物图片；床边低矮的、放着孩子衣物的抽屉要方便孩子打开，并同时贴上“外衣”“内衣”“裤子”和“袜子”的图片标签，以便孩子逐步养成收拾自己衣物的好习惯。

当爸爸妈妈以最大的爱心和耐心为孩子打造一个有条理、有秩序、安全可控以及可探索的环境时，孩子在这样的氛围中开心玩耍和探索，学会自己穿衣和照料自己的起居，那么爸爸妈妈在培养孩子的独立性以及健康心理方面就容易多了。

二、家是一个由爸爸妈妈组成的人文环境

常言道，孩子是父母审视自己的一面镜子。日常生活中，父母的言行举止、为人处世、喜怒哀乐和价值观等，无不被孩子视为“成长范本”而进行模仿；父母过什么样的生活，孩子就将潜移默化地受到影响。所以，孩子健康成长的另外一个关键因素就是由父母所带来的人文环境，也是最重要的成长环境。

我们一起来看看以下14个最不利于孩子成长、误导孩子一生的父母的坏习惯。爸爸妈妈们，你们中招了吗？

坏习惯1. 不懂得生活。

点评：父母陪伴孩子的时间并不在多少，一心一意专注地陪伴，让孩子沐浴在爱和欢乐中才是最重要的。而类似开爸的这类父母的行为让孩子明白了一个错误的“道理”：生活中只有工作没有游戏，为了在这个社会里生存和生活，必须一个星期7天都无休止地工作。

工作是做不完的，家务活是做不完的，钱也是挣不完的，而孩子的童年何其短暂！父母应该每天花点时间与孩子建立亲密关系；向孩子讲述这个世界的奥妙，一心一意地和孩子在一起享受生活的快乐。你向孩子展示了生活的美妙，孩子的一生便打下了幸福的基础。当一个孩子热爱生活、会生活的时候，他也就拥有了幸福力！

坏习惯2. 越界无原则。

点评：开妈就像“袋鼠”，恨不得成天将孩子揣在怀里，限制多多，什么事情都要越界，替孩子代劳，不让孩子有独立成长的机会。这类父母过度的爱护让孩子明白了一个错误的“道理”：凡事都有父母帮我顶着，都是父母的事儿，与我无关，无须感恩。我可以不负责任，我也不需要独立。

这种事无巨细地全部包办和看似伟大的长期呵护，实则折射出父母对孩子的不信任和不尊重。这是父母以“爱”的名义给孩子构筑的另一种形式的枷锁，因为过度的保护将抑制孩子体验生活和独立思考的机会和愿望，同时孩子也不会具备感恩的能力。

从孩子脱离母乳到独自吃饭、从孩子脱离父母的怀抱到独立行走、从孩子脱离学校到走向社会、从孩子脱离父母到找到自己的伴侣组建新家庭……这一切都说明了一个道理：孩子成长的过程，是和父母分离的过程，也是他们逐渐独立的过程。父母只有尊重和信任孩子，孩子才能拥有健康幸福的生活能力；同时父母也会拥有自己轻松愉快的生活。

坏习惯3．不尊重孩子。

点评：开妈不分青红皂白地当众训斥孩子，这种不尊重对于孩子来说简直就是虐杀。这让孩子明白了一个错误的“道理”：出了问题，当事人就应该受到责骂或者惩罚。

如果父母粗暴地对待孩子，且无法给予孩子应有的尊重，那么孩子也将无法站在别人的角度去理解问题，更不会懂得什么是尊重。

无论发生什么事情，父母都应该明白一个简单的道理：发脾气对问题的解决没有助益，反而让事情变得更糟糕。父母应该先搞清楚事情发生的原因，即使孩子有错，父母也应该克制和保持理智，尊重并倾听孩子的内心，从而理解孩子并帮助他一起解决问题。这有助于孩子学会理解和倾听他人的想法，真诚待人，从而具备正常的人际交往能力。

坏习惯4．爱抱怨唠叨。

点评：当生活中不如意的事情发生时，如果父母当着孩子的面随意指责当事人，就会向孩子传递一个错误的信息：在面对一些不好的事情时，我们既不必找到事情的真相，也不必积极努力寻找解决问题的方案，只需一味埋怨和责备他人。

孩子在学校遭受不公正、不人道的待遇，父母应主动与学校沟通，了解原因，并寻找解决问题的办法；而不是在孩子面前随意评价老师或者与老师争吵。同理，在遇到其他人际关系方面的问题时，比如孩子之间发生争执等，父母都不能在自家孩子面前去议论别人家孩子的优缺点，而应理智地与孩子一起分析原因并解决问题。

坏习惯5. 不承认错误。

点评：当父母犯了错误，比如误解了孩子，如果父母拒绝向孩子承认错误，那么就向孩子传递了一个错误的信息：做错了事情可以不认错，可以一错到底。那么，孩子就会跟着大人学了。

当父母发现自己误解了孩子或教育方式不当时，应该诚恳地向孩子道歉，孩子会感到非常惊喜，因为孩子得到了尊重。其实，这并不丢脸，更不会让父母失去威严，反而将真正树立父母在孩子心目中的威信和良好形象。

坏习惯6．撒谎不诚实。

点评：父母的撒谎行为向孩子传递了一个错误的信息：撒谎可以让自己得到好处。

儿童的心是单纯、善良的，父母是他们最值得信任的人。孩子一旦发现父母撒谎，就会感到困惑不解，然后对父母产生怀疑和失望。久而久之，孩子还会模仿父母撒谎。所以，大人撒谎将对亲子关系造成致命的打击。

想让孩子成为一个值得信赖的人，父母首先应该是诚实的人。

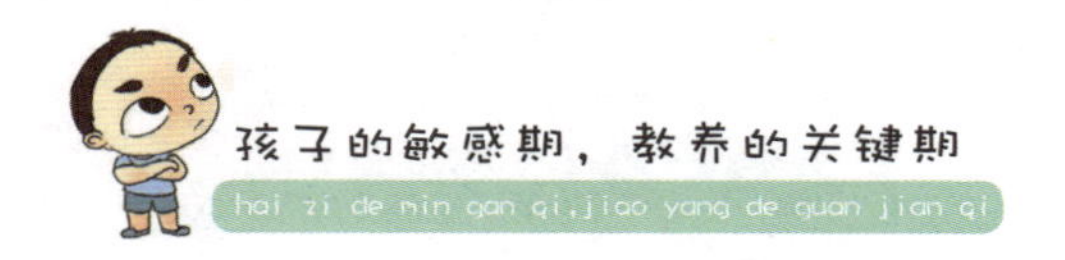

坏习惯7. 没有责任心。

点评：如果父母有乱丢东西、从不收拾房间或者做事不认真等坏毛病，孩子就会看到父母没有责任心的一面。这样的话，孩子也就会养成将责任推给他人的坏习惯。

父母应该从点滴做起，关注生活中的细节，勇于承担家庭的责任，给孩子树立好榜样。

坏习惯8. 欠缺自控力。

点评： 自控力是一个人应该具备的情绪控制的基本能力。我们经常看到：父母会因为一些家庭琐事而吵架打架；孩子不好好吃饭，父母就在饭桌上训斥孩子；孩子与其他小朋友争抢玩具，父母立即去骂其他小朋友或者他们的父母；父母在公关场所与人争执；等等。这些欠缺自控力的做法会让孩子误以为吵架和打架是解决冲突的好办法。

所以，当令人恼火的事情发生时，父母首先应该让自己的情绪稳定下来，比如离开现场、深吸一口气或沉默几秒钟，然后再处理问题。

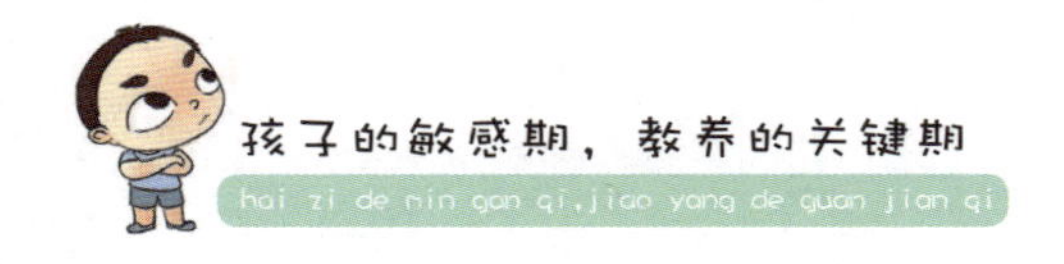

坏习惯9. 花钱无原则。

点评： 父母这种“大方的爱”，孩子只会懂得索取，而不知道何为付出，更体会不到父母挣钱的不易。

一个人的财商与情商、智商是一样重要的。让孩子从小懂得储蓄、支付、节省的道理，学习如何货比三家、对物品重复利用以减少浪费，控制购物冲动，尽量在家吃饭等，这些都是让孩子正确看待金钱、学会理财的基础。只有这样，孩子才会主动把握生活的方向，而不会成为金钱的“奴隶”。

坏习惯10．无规则秩序。

点评：违反公共交通秩序，尤其是在没有人监督的时候违反规则，这就向孩子传递了一个错误的信息：只要没人看管，不被人抓住，想做什么都没问题。

像随地吐痰、在公共场所大声喧哗等不文明的行为，或者任由孩子玩刀等一些危险品而没有任何事先的安全规则提醒等，这些都会影响孩子良好生活习惯的养成。

只有让孩子具备基本的规则意识和安全意识，孩子才会成为一个合格的公民。

坏习惯11．自大不谦逊。

点评：如果父母不能够正确看待自己，总是觉得自己什么都比别人强，自大又自负的话，这样的情绪久而久之就会传染给孩子，让孩子也成为一个自大、以自我为中心而不思进取的人。

生活中，父母不如放下“老老实实听爸妈话”的高姿态，向孩子请教，这无形中就给孩子树立了谦虚的榜样。

坏习惯12. 盲从不思考。

点评： 盲从却不思考，是不少父母都存在的问题。一个人只有具备“批判性思维”，敢于向权威挑战，才不会失去想象力和创造力。

父母应该鼓励孩子多提问题，满足他的好奇心，让他保持积极探索的态度并去做自己感兴趣的事情，这样的孩子才不会人云亦云。父母只有允许孩子自己做主和犯错误，孩子才能从错误中得到学习，将来才有能力为自己的生活做出选择和决定。

坏习惯13．虚荣爱攀比。

点评：如果父母总是用其他孩子的标准来衡量自家的孩子，孩子会变得没有主见或者自卑。有的父母还喜欢在物质上与他人攀比，这就让孩子很容易产生虚荣心理。

作为父母，应该充分了解孩子的心理，与其将孩子与别家的孩子作比较，不如善于发现自己孩子身上的长处，开发孩子自身的潜能！父母在生活上也应该简单、务实，避免让孩子陷于与他人物质攀比的虚荣中，这样孩子也才会成为一个踏实、有幸福感的人。

坏习惯14．不兑现承诺。

点评：当父母不兑现诺言，孩子就会觉得被父母耍弄了，就会感觉到被欺骗而不再相信大人的话了。父母的言行直接影响着孩子的成长，所以在孩子面前一定要讲诚信，不能说话不算话。一个人只有信守诺言，才会被人信任。

承诺是不可以随意应允的，一旦答应了孩子的事情，不管事情是大是小，都要努力去兑现，不管遇到什么困难，都应该积极地克服，努力兑现承诺。这样也给孩子树立了“诚信”的好榜样。

最后的总结：

家庭生活的核心就是帮助孩子更好地成长，让孩子理性认识自己，让他有能力让自己逐步完善起来。当你对孩子充满温暖、信任和爱，你就已经完全尽到了父母应尽的责任。

所以，有以上缺点的父母应该尽快改正，做到有修养、有内涵，为孩子的健康成长营造一个温暖健康的家庭氛围，为孩子成为一个人格完善的人打下基础。

如何成为情绪的主人是父母的“必修课”

你打过孩子，大吼大叫地骂过孩子吗?

这个问题对于所有的父母来说一点儿也不陌生。而几乎所有的父母都会说：我打过孩子，也吼过孩子，因为孩子“不听管教”。但是打完、吼完之后，我就后悔了，然后告诉自己以后不要再打骂孩子。可是当孩子下次又调皮不听话的时候，我就又忍不住了，如此陷入恶性循环，真不知道该怎么办。

其实，绝大多数父母也都明白打骂孩子不好，因为这有可能会造成孩子日后脾气暴躁、性格乖戾、行为容易失控等。但是，很多父母在顽皮的孩子面前，就是无法控制自己的情绪，尤其是当工作压力大时，孩子再不听话，那就真的无法容忍了。

无论是什么原因，父母对孩子暴怒打骂都是令人难以接受的事情，所以父母如何控制自己的情绪就成了一门非常重要的“必修课”。但是哪有人会没有脾气呢?如何控制情绪就成了一个“老大难”的问题。

到底什么才是控制好情绪、做情绪的主人的最关键因素呢?其实归根结底，“理解孩子并与孩子友好沟通”是能够让父母平等对待孩子的最关键因素。有了这个基础，父母才能对症下药，孩子的一切行为也才会正常化。

孩子在幼儿阶段的语言能力有限，父母怎样才能做到“理解并与孩子友好沟通”，从而正确引导孩子的一切行为正常化呢?以下是两大关键的“正向行为引导的战略原则”，供大家参考。

一、“预防规则”

这是父母为孩子预设的、正向的、基本的行为准则，有助于最大限度地让孩子的行为正常化。这一规则很重要的一个特点就是：正确地示范，而不是只口头说一说。因为婴幼儿的认知特点一定是从具体到抽象的过程。很多父母习惯对着孩子喋喋不休地说一大堆孩子无法理解的话，而孩子却一片茫然，其结果就很容易造成父母与孩子之间的误会与争战。这一“教育孩子”收效不大的原因就是：没有用具体的示范告诉孩子如何做，导致孩子无法理解大人的要求。

这一原则也是父母给予孩子最大的“爱和自由”，因为若没有做人做事的基本原则，孩子就无法体会真正的“爱和自由”，所以“正面管教”与“爱和自由”并不是矛盾的，而是孩子身心健康所必需的“爱的养分”。

1. 为孩子设立清晰、简单、一致性的规则： 这种沟通与示范要确保孩子明白怎么做才是正确的，确保孩子与他人的安全，同时确保孩子能够理解。

2. 为孩子简单解释设立“规则”的原因： 当明白了设立“简单规则”的原因，孩子更愿意主动遵守并将这些“社会准则”内在化。

3. 用“肯定”而不是“否定”的语气告诉孩子规则：父母和老师应该告诉孩子能够做什么，同时加以正确的示范，那么孩子就能从这些正向的沟通和示范中懂得如何做；如果是强行阻拦，不准孩子做什么，这就很容易引起孩子的抵触情绪，造成孩子与大人对抗。

4. 对事而不对人：当孩子犯错的时候，不少大人总喜欢为孩子的人格“贴上标签”，最常见的说法就是“你总是这样……”“你从来都不……”等。当沟通变成指责，并且是针对孩子本身的时候，孩子通常会有负罪感，结果自信心受损；当就这件事情如何解决与孩子沟通的时候，孩子从这种正面的引导中学习到了如何做，同时保证了完整的人格未受到攻击。

5. 直接告诉孩子做法，而不是抛出问题：在为孩子制定必须遵守的简单规则的时候，应直接用肯定的语气告诉孩子怎么做；如果用问句的方式，会让孩子觉得他还有选择的机会。请记住：这是简单规则的制定，是孩子必须做到的，并不存在给予孩子选择的机会，这与给孩子机会选择如何做是完全不同的。

6. 提供给孩子必要的选择：当存在选择的机会，同时可以避免大人与孩子之间发生冲突的时候，给予孩子必要的选择也是鼓励孩子正向行为的良好举措。这与“第5点”必须做到的规则有所不同。

7. 给孩子一定的时间，让他为遵守规则做准备：幼儿在最初执行规则的时候，是需要一定的时间来理解才能做出良好的反应的。所以父母和老师千万不能用成人的标准来要求孩子立即做好，而是要耐心帮助孩子适应并遵守规则。

8. 鼓励孩子的良好行为与努力，而不是空洞地表扬孩子的人格特征：当孩子做得好的时候，父母和老师应该用正向的、具体的言语和赞许的姿态鼓励孩子的良好行为及努力，而不是空洞地表扬孩子的人格特征。这样孩子就会将注意力放在自己的行为上，而不是他人的评价上，并明白这是通过自己努力得来的评价。只有这样，孩子才会具备真正的自信心。

9. 忽略小问题：只要孩子不会伤害到自己或者没有对他人构成侵犯，在安全的前提下，有些问题是完全可以忽略的。这其实也是孩子成长过程中所必经的阶段。了解孩子的发展规律，等待孩子成长，也是一种轻松的育儿态度。

10. 鼓励孩子必要时寻求大人的帮助：当幼小的孩子知道父母和老师能够在他们需要的时候给予及时的帮助、保护和引导，孩子就会拥有足够的安全感和信任。当孩子知道父母和老师愿意倾听并会公正地回应他们的想法和做法的时候，孩子对于自我把握的能力和信心也会随之增强。

二、“干涉规则”

在前面的“预防规则”中，我们主要强调的是成年人如何营造一个正向的、温和而又有原则的氛围，给予孩子健康成长的环境，从而正确引导孩子的行为，减少孩子可能出现的行为问题。但是，孩子毕竟幼小，不可避免地会出现行为上的问题。当问题出现的时候，父母如何控制自己的情绪，做到正向引导孩子，而不是惩罚孩子呢？

1. 尊重孩子：当孩子出现问题的时候，父母和老师应该将孩子带到一边，蹲下来并用柔和的眼神平视孩子，同时以温柔而又坚定的语气与孩子沟通。

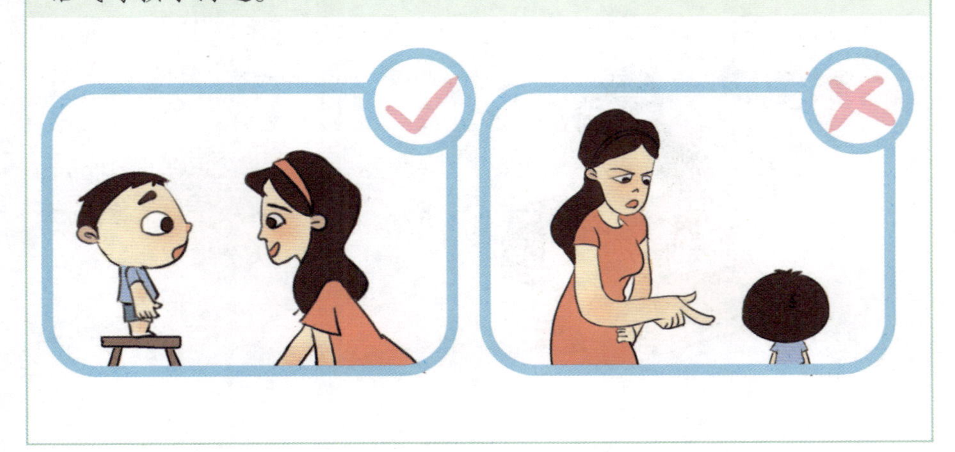

2．搂抱孩子：当孩子情绪失控，发生恶性咬人、打架等行为的时候，成年人应该上前搂紧孩子，让孩子的情绪平和下来，这就有了进一步沟通的可能。

3．提醒孩子：年幼的孩子专注力有限，很多时候会忘了规则，需要成年人加以提醒来避免一些问题行为的发生。

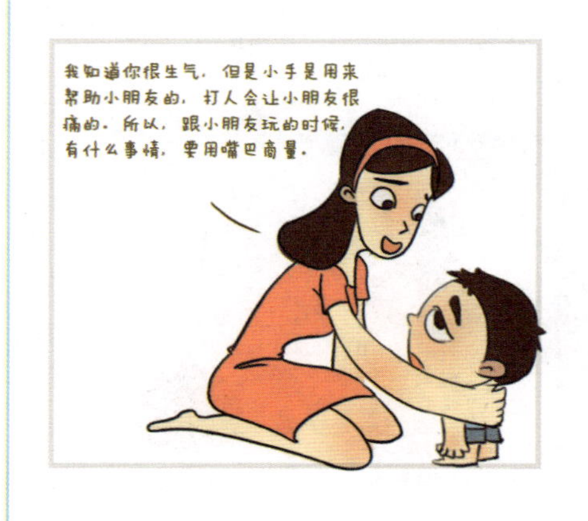

4．设立规则之前，认同孩子的情绪：当孩子的行为出现了问题时，尤其是3岁以上的孩子，父母需要制定规则以规避类似事情再发生。但在这之前，父母首先要认可孩子的情绪，让孩子感受到大人的理解和包容。这样孩子就比较容易信任父母并愿意与父母合作了。

5. 转移注意力：3岁以内的小儿行为失控的时候，如果没有更好的方法，父母有时候可以采取变通的方法，比如用玩具或者其他活动来转移孩子的视线，这样可以快速解决问题。但随着孩子的成长，这个方法就不能再用了，否则会影响孩子独立解决问题能力的发展。

6. 给予孩子选择的机会：当孩子行为失控的时候，给予孩子选择的机会是为了强调规则的重要性。

7. 给予孩子更正的时间和机会：当孩子还没有搞清楚为什么要“道歉”时，成年人应该给孩子时间和机会，让其逐步明白道理，直到孩子真正理解了，愿意更正错误。这比大人在孩子还没有搞懂时就强迫孩子去道歉要有效得多。

8. 培养孩子独立解决问题的能力：3岁以上的幼儿，刚开始时需要父母陪伴并引导孩子逐步懂得如何解决问题。等到孩子慢慢掌握了一些方法后，父母就要不断鼓励孩子在独自面对不同的问题时，自己去分析和判断，并最终拥有更多的解决方案和独立解决问题的能力。这会为孩子将来走向社会打下良好的人际交往以及解决各种问题的基础。以下是父母如何帮助孩子"独立解决问题"的步骤，仅供参考。

（1）父母帮助孩子认可出现的问题，找出问题背后的原因。	"亮亮正在玩乐高玩具，而你也想加入，亮亮却不愿意。"
（2）根据出现的问题，让孩子进行进一步的思考。	"你有没有和亮亮商量？问问他玩完以后，能不能让你玩乐高玩具。"
（3）如果孩子需要进一步的帮助，父母可以直接给予解决方案。	"去和亮亮商量，等他不玩了，让他给你乐高玩具玩一会儿。如果亮亮不肯，爸爸妈妈和你一起玩一个更有趣的游戏。"
（4）当问题解决的时候，父母及时与孩子进行总结。	"你看，你觉得你不能自己去解决问题，但是你做到了。记住下一次再有什么问题的时候，自己先动一动脑子看如何解决。实在不行，再与爸爸妈妈商量解决的办法。"

最后的总结：

从以上两大关键的“正向行为引导的战略原则”的阐述中，我们可以看到：当父母真心愿意去观察和了解孩子的时候，对孩子的误解就少了很多；当父母尝试倾听孩子并想办法帮助孩子解决问题的时候，你会发现孩子的行为很多时候是情有可原的，这个时候你的负面情绪就会被释放掉；当父母尊重孩子，不拿大人的标准来衡量孩子，并且理解年幼的孩子有好动、固执、健忘等正常状况的时候，你就已经明白了孩子的成长状况并能够正确对待孩子的一些行为问题了。

这样，一旦孩子真有不听话的时候，父母也能明白如何去引导孩子；实在控制不住自己的情绪，就暂时离开现场或者转移自己的注意力去做别的事情，等自己平静下来了，再与孩子好好谈心。

做到不打骂孩子不容易，孩子的成长过程，也是每一位父母自我修行和提高涵养的成长过程。每个父母都应该努力在自己的家庭教育实践中，做情绪的主人，给孩子树立调控自己情绪的好榜样，并给孩子创造一个良好的成长环境。

感官敏感期（0~6岁）认知世界的开始

婴儿从出生的那天起，就会运用视觉、听觉、味觉、嗅觉和触觉等感官来熟悉环境，了解事物。感知觉是孩子所有认知活动的开端，是记忆、思维、想象等高级认知活动的基础。通过与环境的接触，孩子借助五官的感知觉，将获得的信息在大脑中互相连接，为抽象思维、推理和信息整理等智力能力的形成打下基础。

什么是感官敏感期?

哪个父母不希望自己的孩子“心灵手巧”呢？其实，这并不是一个多么“高大上”的难题，不少父母也许忽略了孩子的天然能力。婴儿从出生的那天起，就已经会通过眼、耳、鼻、舌、身等感知觉，即视觉、听觉、嗅觉、味觉、触觉来感知世界的一切。这一关键的0～6岁的“感官敏感期”是自然赋予婴幼儿的强大的能力。

而感知觉是初步的和基本的智力活动，它使孩子的心理和外界联系起来。感知觉发展得越良好，孩子的智力发展就越顺利。也就是说感官敏感期期间，幼儿的感知能力发展得越充分，他的记忆储存的知识经验就越丰富，思维和想象发展的空间和潜力也就越大。父母应该有效地抓住这段时期，帮助孩子健康成长。

那么，父母应该如何为孩子准备一个安全而又充满吸引力的探索环境，让孩子在感官敏感期期间，充分发挥其感知觉去感知他所处的环境，用身体的体验来建构智力呢？

一、听觉：听到了各式各样的声音

1．孩子的听觉从胎教就开始了。

点评：刚出生的开开躺在摇篮里大哭时，开妈打开音响播放胎教时听过的音乐。于是开开停止哭泣，甜甜地笑了。

母亲在怀孕的时候，可以精心为孩子选择不同类型的世界名曲，比如摇篮曲、小夜曲和圆舞曲等。乐曲应该是轻柔的，妈妈每次为胎儿播放的次数不宜过多，声音不能过大，时间不宜过长。等孩子出生后，父母经常播放孩子胎教时的音乐，能够刺激其早期记忆，培养其对声音的敏感性。同时这种温柔而又熟悉的声音会让婴儿感觉十分安全。

2. 为孩子打造一个丰富的有声环境。

点评：父母应该为孩子创造一个有声的环境，包括：风声、雨声等大自然的声音；家人的正常活动，比如走路声、水声、扫地声、开关门声；买些像八音盒、小铃铛、会叫的小动物等有声响的玩具；等等。爸爸妈妈亲切的声音更能让孩子感受到深深的爱意。这些声音能给婴儿以听觉的刺激，促进其听力的发育。

听觉是孩子智力发展的第一个起点，也是语言能力的基础。父母要善于利用孩子的这项本能，以各种丰富有趣的听觉活动来激发孩子的潜力和智慧。

二、视觉：眼睛是心灵的窗口

1. 爸爸妈妈亲切的脸就是“视界”。

点评：父母每天要让孩子看到自己亲切的脸，让孩子拥有安全感；还要多给孩子看一些家人的照片，并让孩子找出哪一个是爸爸或妈妈。

2. 多看一看，孩子的视野拓展了。

点评：父母为孩子准备各式各样的视觉活动是非常重要的，因为有效的视觉刺激能让孩子清晰精确地接收外界的信息，促进脑部发育，激发孩子的智力潜能。

孩子拥有独特的内心世界，有着与成年人截然不同的视角，他会根据自己的兴趣观察那些我们毫不在意的东西。随着年龄的增长，孩子就会用自己独特的视角积极地看到许多令人感兴趣的事情，开始有了更多的观察和体验。因此，父母应该鼓励孩子更多地观察和体验。当孩子在观察时，请别打扰，孩子自然就能拥有想象和创造的能力。

三、嗅觉：嗅出了各种气味

1. 妈妈身上的气味有一种安全感。

点评：新生儿早期通过母乳接触到各种不同的气味，有助于提高日后对不同食物的接受性。为婴儿和小孩子提供不同味道和气味的多种食品，一方面可以保证足够的营养，另一方面也可以帮助提高孩子对味道的适应性。

2. 几个小妙招提高孩子的嗅觉灵敏度。

点评：在条件允许和保证安全的前提下，父母应该让孩子闻到多种气味，以促进其嗅觉能力的发展。

父母不要忽略孩子的嗅觉训练，因为这个感觉是孩子享受生活的重要能力。孩子的鼻子呼吸顺畅，就能提高脑部对气味的灵敏度，脑部的运作会更灵活。孩子如果鼻子不通，气体无法上传到嗅觉细胞，就会暂时或长期失去嗅觉，从而影响注意力及记忆力。

四、味觉：世界就是酸甜苦辣

1. 辅食添加丰富了孩子的味觉世界。

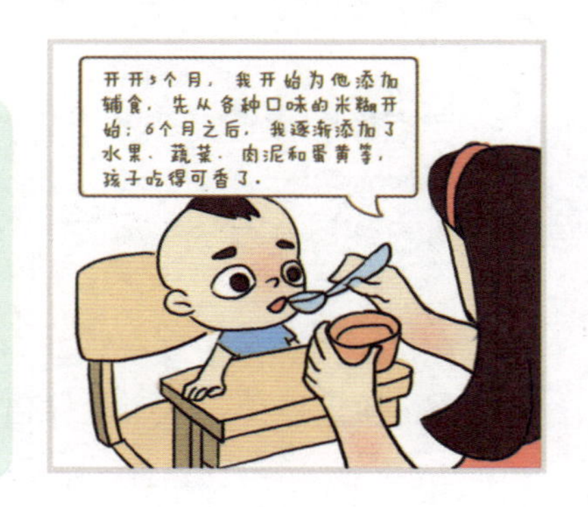

点评：孩子长大后是否挑食，和辅食添加这段时期的喂养方式有直接的联系。父母要根据自家孩子的实际发育情况，循序渐进，做好辅食添加。父母不应把表情作为判断孩子是否喜欢新食物的唯一依据，更应该关

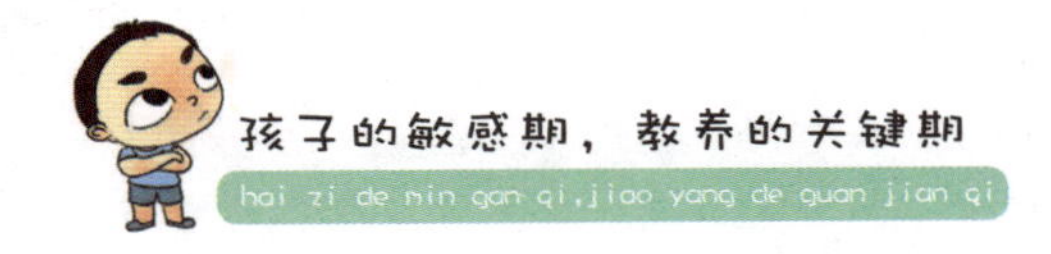

注其进食的意愿，不断让孩子反复尝试。但是一些容易引发过敏的食物，比如鸡蛋、海鲜等，要谨慎添加。

2. 尝一尝，让孩子了解嘴巴的妙用。

点评： 嘴巴对于孩子来说，不仅是品尝食物，更是帮助其探索世界的重要工具。这个不断尝试的过程，也是孩子了解外部世界和建构自我的过程。

父母应该让孩子感受到酸甜苦辣的基本滋味，帮助孩子通过味道来认识这个物质世界并与这个世界建立亲密关系，从而建构孩子的大脑和心理世界。

五、触觉：触摸体验到真实的生活

1．爱的抚摸让婴儿身心健康。

点评： 对于刚出生的婴儿，父母应当通过搂抱、按摩等爱抚动作，一方面表达自己的爱，另一方面刺激宝宝的触觉器官，让宝宝感受到父母的爱。这种令宝宝愉快的抚摸，能不断传递爱意，形成良性刺激，不但能够满足婴儿的早期情感需要，而且更有利于其体能、智能的发展。

2．用游戏锻炼孩子的触觉灵敏度。

点评： 孩子正是通过触觉的感受来发展自我的。父母应该为孩子准备合适的发展环境，在安全的前提下，放手让孩子去尽情探索世界，那么，孩子的想象力和创造力将得到最大的激发。

父母必须要重视孩子的触觉发展，因为这将直接影响孩子未来的动手能力。触觉发展得越早，孩子手的灵活度就越大，从而激发智力潜能。触觉发展良好，孩子的学习潜力才会进一步得到发展。

六、五种感知觉是相互作用的

听觉、视觉、嗅觉、味觉和触觉彼此是相互作用、不可分割的，尤其是随着孩子五种感觉器官能力的发展，父母可以安排一些丰富的活动让孩子体验这五种感官“同时工作”的力量与精彩。

点评：在这个苹果游戏中，我们可以看到：开妈通过一系列有趣的实物引导，让开开和心心用眼、耳、鼻、口、手来感受苹果的真实“味道”。这个游戏还可以继续深入下去：（1）妈妈可以将苹果对半切，然后让孩子观察苹果核，甚至尝一尝苹果核的味道；（2）妈妈可以让孩子们帮忙一起将切好的苹果片摆放在盘子里，然后全家一起品尝；（3）孩子们可以画个苹果或者苹果片；等等。总之，父母可以根据自家的情况，引导孩子做更多的“感知觉”游戏来丰富孩子的感官体验，这不但能促进孩子的智力发展，增强孩子“手眼协调”能力的发展，更能增进亲子感情。

孩子通过对听觉、视觉、嗅觉、味觉和触觉的认识，由易到难、循序渐进地积累感官印象，从而建立对各种事物的概念并最终形成智力。因此，父母要在孩子0～6岁的“感官敏感期”期间，根据孩子的特点“因材施教”，在家中准备多样的感官材料和活动，或者通过户外的各种活动，让孩子运用五官感受周围的事物，并耐心等待孩子的成长。只要孩子的行为不对自己、他人、环境造成危害，父母就应该呵护孩子的好奇心，让孩子大胆地探索，使孩子具备敏锐发达的感知觉，为智能和体能的发展奠定基础。

2岁的开开为什么爱咬人和吃手指？

开开都2岁了，但还经常吃手，有时候还咬人，小朋友们都不愿意和他玩了。这可怎么办呀？真是急死我了！

卢欣老师说早教

一、为什么开开2岁了还吃手、咬人呢

1．所有孩子都会经历的“口欲敏感期”。

“口欲敏感期”又叫作“口欲期”或者“口腔敏感期”。儿童在1岁以前，他们通过吸吮手指来获得安全感和快乐，这有利于他们的智力发展和情感满足的需求；同时，小嘴巴也是他们用来认识事物和探索世界的重要“工具”。他们通过自己的口“品尝”这个世界，与外部世界建立联系，用他们力所能及的方式来了解一切。

儿童1岁以前的“口欲期”不是偶然现象，更不是不良习惯。正常情况下，1～1.5岁，随着身体机能的发展、活动范围的加大，孩子的兴趣转移到更多有趣的事物上面，这个行为就会自行纠正。

另外，由于出牙的缘故，这个时期的儿童有可能会无意识地咬人，父母不必大惊小怪。

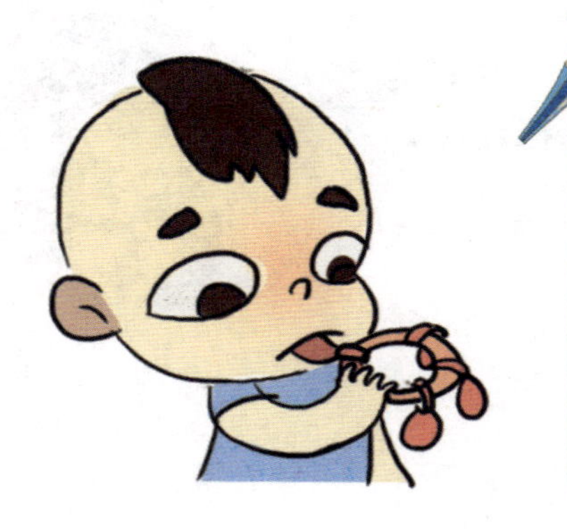

点评：“口欲期”的主要表现就是婴儿喜欢将身边所有可接触到的东西往嘴里塞，包括自己的小手小脚、玩具、毛巾、被子、衣服、各种食物等，以满足其好奇探索的欲望以及快乐的需求。

2. “口欲敏感期”得不到满足的后果。

当婴儿吃奶、吃手或有东西放在嘴里的时候就会有安全感，所以一旦他们的吸吮等需求在“口欲期”内得不到满足，他们就会产生不安、暴躁和抑郁的不良情绪。

一些父母看到孩子吃手或者咬、舔玩具等，担心卫生的问题，不顾孩子的心理需求就横加阻拦；有的母亲突然过早中断哺乳，这些都会导致孩子在“口欲期”得不到应有的满足，本来在一岁多就可以结束的“吃手”行为，到了两三岁还结束不了，有的孩子甚至还喜欢咬人和咬东西。

这种“口欲期”过度延长的心理现象，心理学上称之为“过度补偿”，直接后果就是造成孩子在口欲期过后仍然吃手、吃指甲和咬人等。严重的会进一步发展为口腔不良习惯，造成错颌畸形、牙齿不齐等不良现象。

点评：孩子舔牙齿、吃手指等不良习惯，大多是由于“口欲期”得不到心理满足而引起的。

3. 2岁以后的孩子咬人的其他原因。

除了以上谈到的孩子咬人与“口欲期”得不到满足有关之外，2岁之后咬人的常见原因如下：

（1）情绪发泄的需要：孩子由于生气而咬人，比如不知道如何玩一个玩具，就会发脾气咬人。

（2）恐惧和害怕：当孩子缺乏安全感的时候，也会咬人。比如，孩子突然到了一个新环境，由于害怕，就可能用咬人来攻击他人。

（3）引起玩伴注意：有的幼儿缺少玩伴，在和小伙伴交往的过程中，不知道如何表达自己，就用咬人来引起对方的关注。这个时候，孩子不是在欺负人，而是语言表达能力有限，用“咬人”来表达对小伙伴的“亲昵”。

（4）语言表达能力有限：有的孩子在表达不清楚自己的时候，由于着急，就会咬人或咬自己。比如遭到父母的批评。

（5）受到攻击的时候：在与小伙伴玩耍的时候，如果遭遇玩具被抢，或者一些其他让孩子感到不安的情况，孩子就会咬人。

（6）模仿他人的行为：有些父母用轻咬来表达自己对孩子的亲昵，让孩子感到咬人不是坏事，是爱的表现，进而模仿学会咬人。但孩子小，咬人的时候是无法控制轻重的。另外，在与小朋友交往的过程中，有的小孩看到其他小朋友咬人，觉得好奇，也会模仿他人咬人。

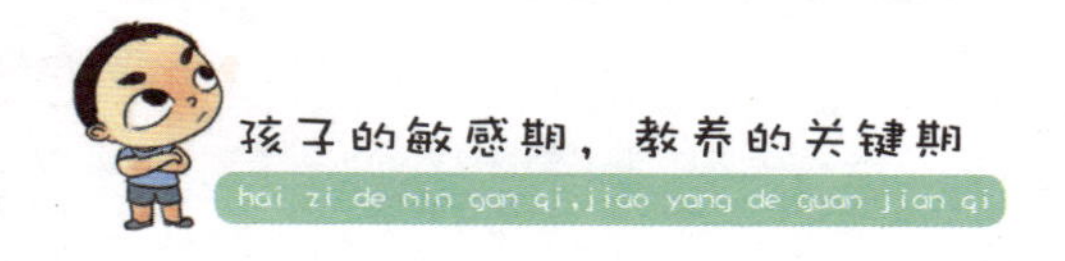

二、 送给爸爸妈妈的锦囊妙计

锦囊1．尊重幼儿“口欲敏感期”的心理需求。

父母在孩子“口欲期”这个年龄段，千万不要强行制止孩子吃手、咬玩具等行为。如果担心玩具等咬物脏，可以清洗干净后再给孩子。提供各种不同质地、形状和味道的东西给孩子啃咬，比如无毒的塑料汤勺、塑料杯、布娃娃、不同的食物等，在孩子啃咬的时候，顺便给孩子介绍这件物品的名称，这样孩子用嘴巴探索到的世界的味道就更加丰富了。

父母必须要注意的是：啃咬物品不能是有毒的或者容易被孩子吞进肚里、卡在喉咙的小物体，比如玩具小汽车上的零件、小纽扣、药品等，这些危害孩子安全的物品必须远离孩子，放在孩子够不着的地方；父母在给孩子买玩具的时候，不要买那种零件容易松掉的玩具。

点评：孩子开始出牙或者1岁前咬人，是和“口欲期”有关系的，所以父母不必大惊小怪，只要简单而又严肃地告诉孩子“痛”，让孩子知道你不高兴，那么孩子自然知道这是不被允许的行为。父母千万不要咬回孩子，或者开玩笑地咬孩子，因为这样会强化孩子的咬人行为。

锦囊2. 父母如何应对经常咬人的2岁左右的孩子。

（1）坚决制止咬人行为。

点评：孩子过了“口欲期”之后，如果咬人的现象越来越严重，甚至发展到攻击性行为时，父母必须制止，但是要保持冷静，不要责备或处罚孩子，因为这样会令孩子愤怒，进而强化这一行为，并导致日后孩子更凶的咬人行为。父母要做的就是将孩子与被咬的人分开，紧紧握住孩子的手或者抱住孩子，温和而又坚定地告诉孩子咬人是不好的行为。

（2）接纳孩子的情绪是解决问题的开始。

点评：不管事情有多严重，父母首先要接纳孩子的情绪，以倾听和共情的方式让孩子的情绪稳定下来，然后找到孩子咬人的原因，再对症下药，并从根源上解决孩子咬人的问题。

（3）事后帮助孩子一起解决问题。

点评：1~2岁的或已经过了“口欲期”的孩子，当他第一次故意咬人的时候，父母如何理解并帮助孩子解决这个问题是非常关键的，因为这是阻止孩子日后继续咬人的重要步骤。由于幼小的孩子还不懂得如何面对这些状况，再加上语言表达能力有限，所以父母要告诉孩子咬人是不对的，同时恰当处理好自己的情绪，并帮助孩子一起面对问题。只有等孩子懂得如何面对这些问题的时候，父母才可以逐步放手让孩子独立解决问题。

锦囊3. 亲子游戏是最好的解决问题的方法。

为孩子打造一个丰富有趣的亲子游戏环境，多关爱和照顾孩子，适当地转移他们的注意力，这样孩子就不会只想着“吃手”与“咬人”，慢慢就会戒掉“吃手”和“咬人”了。

（1）尝一尝味道。

目的：丰富孩子的味觉体验，满足孩子“口欲期”的心理需求，让孩子感受到亲子生活的多姿多彩，从而加强安全感。

玩法：准备两个透明的杯

子，爸爸妈妈当着孩子的面，将橙汁与凉开水分别倒进两个杯子里，然后让孩子先观察两个杯子里液体的颜色，再分别用两根筷子蘸取不同的液体让孩子尝试，并告诉他们液体的味道。注意，不要让幼儿直接拿杯子品尝，以免杯子被打破而伤害到孩子。父母还可以让孩子尝试更多不同液体的味道，比如醋、苹果汁、西瓜汁等。

（2）辨别不同的食物以及味道。

目的：通过分辨不同的食物以及味道，让孩子拥有更多的味觉刺激，这有益于孩子身心健康的发展。这个游戏尤其适合2岁却仍然吃手的孩子。

玩法：父母将儿童饼干、新鲜葡萄和熟鸡蛋放在不同的盘子里，让孩子自己说出食物的名称与味道。如果孩子说不出来，父母可以补充说明。父母还可以根据孩子的认知情况，准备更多种类食物进行比较，比如苹果、梨子、红薯、青菜等。

（3）说一说口的用途。

目的：让孩子真正懂得“口”的用途。尤其针对过了“口欲期”仍然吃手和咬人的孩子，家长可以用这个游戏让孩子明白“口”不是用来咬人和吃手的。

玩法：父母可以问孩子："嘴巴是用来做什么的？"尽量让孩子说出更多的用途，同时父母及时鼓励孩子。

（4）绘本阅读、户外活动等。

目的：没有孩子不爱玩，关键是如何玩，如何有趣地玩，如何让孩子玩得开心。父母要多花些时间陪伴孩子，毕竟祖父母以及老师是无法替代孩子的亲生父母的。请父母观察孩子，找出他的兴趣点，然后和孩子一起玩耍，让孩子的生活丰富起来，转移他"吃手"或者"咬人"的注意力，那么孩子就一定会自行纠正这个问题。

玩法：父母可以每天晚上睡前为孩子讲故事或者阅读绘本，让孩子在阅读中懂得更多的道理。父母还可以带孩子到大自然进行各种户外活动，比如看小河流水、蓝天白云等。

动作敏感期（0~6岁）大小肌肉的协调发展的关键期

孩子从出生后就进入了动作敏感期：无论是吸吮妈妈的乳汁，用小手抓住妈妈的手指，还是爬行、走路等，这些都是孩子动作敏感期的表现，都是孩子开始通过手脚的运动有目标地探索世界。这个时期一直会持续到6岁。在这期间，各种令孩子乐此不疲的游戏都让他们的手和身体变得更加灵活。正所谓“心灵手巧”，孩子的手和身体得到的锻炼机会越多，其智力也就发展得越好。

什么是动作敏感期?

婴幼儿具有天生的学习能力，从出生后就进入了动作敏感期：无论是从最初的用小嘴吸吮妈妈的乳汁、用小手抓住妈妈的手指，还是爬行、走路等，这些都是孩子动作敏感期的表现。动作敏感期从0岁一直持续到6岁。

孩子的动作发展主要包括两个大的领域：1.精细动作（小肌肉的锻炼）主要是手的动作，以及手眼的协调性；2.大动作（大肌肉的锻炼）主要是指身体运动机能的发展，比如走路等。

希望自家孩子聪明伶俐的爸爸妈妈，千万不要忽略了孩子大小肌肉的发展哦。因为手和身体的动作连接着大脑，这将刺激大脑的发育，而大脑反过来又支配手和身体的动作，使其更加熟练，所以爸爸妈妈应当特别注意孩子的动作训练，使其身体运动和手部的动作协调发展，这不仅能帮助孩子养成良好的动作习惯，还可以促进其智力的发展。

在动作敏感期阶段，孩子的“调皮捣蛋”里蕴藏着大智慧，因为这是孩子在运用他的动作能力不断探索世界的过程。所以爸爸妈妈不要因为孩子好动、吵闹而感到头痛并不断加以制止，而是应该具有加倍的耐心，观察孩子在动作发展中所需要的帮助，实时引导，这样才能让孩子健康全面地发展。

那么，父母应该如何做，才能帮助孩子在动作发展的过程中产生出大智慧呢？以下是宝宝动作敏感期的具体表现以及相应关键问题的解决方案，供大家参考。

一、爬行敏感期(7~10个月)：孩子自由爬行得越多，走路的时候就越稳当

点评：在孩子刚刚有了爬行意识的时候，父母可以用一些玩具引导和鼓励孩子向前爬行；同时要确保周围爬行环境的安全，比如地板上不要有会割伤孩子皮肤的碎渣，桌椅腿要包好，热水瓶、电插座等危险品要放在远离孩子爬行的地方。

最后的总结：

有的父母怕麻烦，嫌孩子爬行会弄脏衣服和身体；有的父母担心孩子辛苦，于是就阻拦孩子爬行，没经过爬就直接走路；有的父母甚至会拿孩子没有爬行就会走路来炫耀，这些对孩子身心健康的发展都是没有好处的。

因为当孩子爬行的时候，他需要调动全身的肌肉来完成这个动作：手掌张开，四肢支撑身体，背部和颈部的肌肉拉起头部。这样的“全身锻炼”，对于孩子的肌肉力量、平衡性和协调性的发展都是难能可贵的。同时，爬行满足了孩子探索世界的好奇心，促进了孩子智力的发展，对于其自信心、记忆力和注意力的培养都很有帮助。所以，为了孩子的健康发展，父母一定要鼓励孩子爬行！

二、行走敏感期——准备期(7~12个月)：这个时期是为孩子的正式行走做前期的准备和预热

点评： 孩子初学走路，父母要保证周围的安全，比如地上不要有易绊倒孩子的物体，桌椅腿要包好等，可以扶着孩子走或者让孩子扶着固定的物体走。很多家长让孩子利用“学步车”来学步，这是不够科学的，中美权威医学机构的调查报告曾指出过“学步车”对儿童身体的伤害。鉴于安全的考虑，不建议幼儿使用学步车。

行走准备期的孩子通常喜欢让大人扶着双臂走路；或者被架着胳膊在大人的腿上蹦跳；或者自己扶着固定物体尝试走路等——这些都是为正式行走做准备。孩子这个阶段的运动与爬行是交替进行的，所以父母应该给予孩子足够的时间和机会去尝试，而不是过于紧张或跟别人家的孩子攀比，看谁走得早。事实上，孩子能够稳步走路的平均年龄在14个月，稍早或稍晚一些都是正常的。

三、行走敏感期——行走期(13~24个月)：能够独立行走，是孩子探索周围环境能力的一大飞跃

点评：孩子初学走路，因摔倒而哭是常有的事情，只要没有流血或者其他伤害，父母不必紧张。但是有的父母却会以拍打地板、椅子、桌子等导致孩子摔倒的物体来对孩子进行安慰。经常这样做，对孩子的心理健康很不利，会让孩子产生一种错觉：我的失败都是客观原因，与我无关。以后再遇到失败和挫折，孩子就会想：这是他人的错，我不需要负责。

所以，当这样的情况发生了，如果没什么事，父母不必强调这件事情，直接扶起孩子或者让孩子自己起来；或者和孩子一起讨论如何解决问题，让孩子今后再遇到这类事情的时候，知道如何处理。比如说："以后走路的时候，我们将小椅子放在一边，这样就不会摔倒了。"

最后的总结：

从自由独立行走的那天开始，这就意味着孩子拥有了更多对这个世界的探索能力和认知机会，获得更丰富的感知体验，从而促进智力的发展。

这个时期的孩子充满了好奇心，喜欢到处走动，尤其是喜欢走坑坑洼洼的路、踩水洼等。在保证安全的前提下，父母应该鼓励孩子尝试各种新鲜事物，放手让孩子行走，不要担心摔倒或者弄脏衣服。因为摔倒了可以

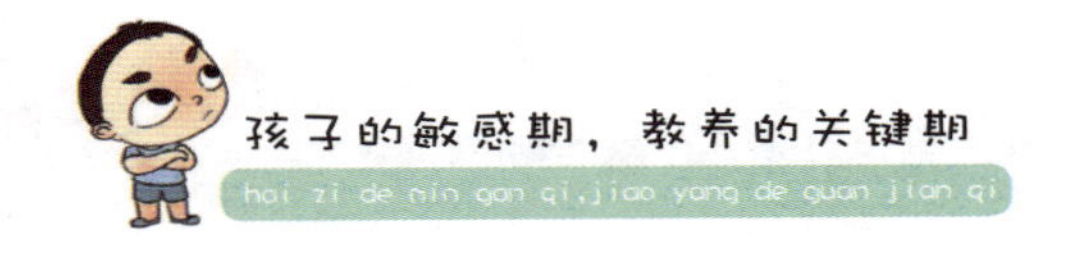

爬起来，衣服脏了可以洗，而错过了探索的时机，孩子就失去了宝贵的成长机会。

四、手的敏感期（0~6岁）：有一双灵巧的手，孩子的智力会发展得更好

1. 不到1岁的宝宝爱撕纸是精细动作发展的表现。

点评： 6~7个月大的婴儿，手眼开始协调，这个时期的孩子普遍喜欢撕纸或者撕书，这反映了孩子手部精细动作的进步，也是其大脑功能的一个飞跃。撕纸的过程，还满足了孩子的好奇心并令其感到愉快，因为撕纸的响声以及被改变的纸张形状让孩子乐此不疲。

父母可以为孩子准备一些安全的纸，比如卫生卷纸、餐巾纸、柔软的彩纸或者杂志图画纸，增强孩子的手部小肌肉的动手能力。但为了安全起见，不要给孩子报纸等含铅量过重的油墨纸和太过锋利的纸，以免伤害到孩子；撕纸后，要给孩子及时洗手。

2. 通过手工游戏，培养孩子的动手和创造能力。

点评： 孩子到了三四岁开始对一些手工材料和工具感兴趣，父母可以为孩子准备安全的工具，比如专用的儿童剪刀和纸张等，鼓励孩子随心所欲地创作，既锻炼了手部精细动作，也激发了想象力。孩子

的作品是否漂亮并不重要，重要的是他在制作的过程中不断地动手动脑，加强了手部的精细活动能力和手脑的配合能力，更好地促进了大脑的发育。所以，父母要鼓励孩子将自己的想法通过手工充分表达出来；如果父母能够参与孩子的手工制作，还将增进亲子关系。

3. 通过培养孩子日常生活中的自理能力，促进其手脑能力的提升。

点评： 抓住孩子好奇心强以及爱动手的特点，父母可以在生活中根据孩子年龄的不同，给予孩子各种锻炼的机会，比如，收拾自己的衣服，帮助妈妈擦桌子、扫地、摘菜，整理自己的玩具，用筷子吃饭，自己穿衣等。还可以给孩子准备一个“工具箱”，里面放上小尺子、儿童小剪刀、小螺丝刀等工具，让孩子参与到家庭的一些修补活动中来，比如修理家具和钟表等。父母通过让孩子参与这些日常家庭事务，既培养了孩子独立自主的生活能力，也锻炼了他的动手能力，更增进了亲子之间的亲密关系。

常言道：“心灵手巧”，“眼过百遍，不如手做一遍”。灵巧的手是孩子大脑发育良好的标志，是儿童用来探索世界的最好的感知工具；孩子手指的动作越复杂、精巧和娴熟，大脑就越聪明。

然而遗憾的是，我们时常会看到不少动手能力差的孩子。这往往是因为父母担心孩子的安全或者是害怕他们损坏家里的东西而阻拦其动手的尝试，所以孩子的手就被束缚住了，手的能力也就无法释放出来，这也会影响到大脑的良好发育。

所以，父母应该在日常生活中准备各种合适的玩具和工具，比如皮球、拼图、积木、橡皮泥、珠子、剪刀、细绳等，让孩子通过捏、揉、拼、穿、剪、拍等各种动作促进其手部精细动作能力和手眼协调性的发展，从而促进智力的发展。

五、小肌肉与大肌肉的协调发展：更好地促进孩子的智力发展

1. 运动型的游戏让孩子从身体到智力全方面发展。

点评：在这个“左右手交替拍球”的运动型游戏中，孩子一开始的时候可能会手忙脚乱，右手拍完了，就忘了如何换到左手，父母要耐心陪伴，渐渐地孩子就会练得协调了。

这类游戏不但加强了肢体的大动作与手部的精细动作的协调发展、手眼协调的发展，还促进孩子大脑发展，更增进了良好的亲子关系。

2. “玩沙玩水”的游戏里蕴含着大学问。

（1）锻炼大小肌肉的动作协调能力。

点评：孩子在用沙建造各种“建筑物”的时候，通常都会用小铲子铲沙，用小手堆沙子，拍打“建筑物”等。这连续的动作使得肢体协调，让手部的精细动作得到锻炼并促进手眼协调能力的发展，同时孩子的专注力得到加强，大脑得到发展。

（2）加强空间关系的认知能力。

点评：孩子用各种不同形状的容器装满沙子后，倒扣过来；或者将各种空容器直接倒扣在沙土上，再拿开容器，形成一个个不同形状的沙堆。这不但使孩子对沙堆与空间的关系有了进一步的认识，还锻炼了孩子的手眼协调能力。

（3）玩沙、玩水激发想象力和创造力。

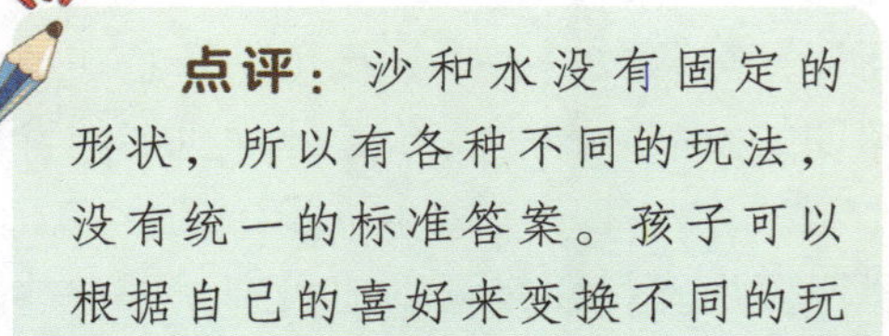

点评：沙和水没有固定的形状，所以有各种不同的玩法，没有统一的标准答案。孩子可以根据自己的喜好来变换不同的玩

法。除了玩沙的工具，如铲子、小桶等，父母还可以和孩子一起准备一些辅助材料，比如小树枝、各种玩具小车等，进一步激发孩子的想象力和创造力。在玩的过程中，孩子的大小肌肉也同时得到了锻炼。

（4）玩得开心和自由，获得情感上的满足。

点评：由于水和沙能够满足孩子无拘无束探索自然的兴趣，孩子可以按照自己的想法去玩，所以这种开心和自由给予了孩子极大的满足感和成就感，也同时增强了孩子的自信心。孩子的手眼协调能力和肢体运动能力也同时得到了锻炼。

以上游戏让孩子全身的能量都释放了出来。这是一个大小肌肉同时得到锻炼的过程，也是更好地促进大脑发育的过程。所以父母应该多提供各种机会让孩子的全身运动起来，正所谓“生命在于运动”！

最后的总结：

在0～6岁的动作敏感期期间，没有充分的运动，就没有婴幼儿大脑的进步和智慧可谈！正所谓：孩子的各种小动作产生了奇妙无比的大智慧！

当初生婴儿从漫无目的地四肢挥动，到爬行，然后再由成人搀扶着双手蹒跚学步，最终到独立行走……每一步都是孩子认认真真地通过各种大小肌肉的协调运动所获得的。伴随着动作能力的发展，大脑的智慧也随之发生、发展和成熟。

所以，为了让孩子的运动能量得以充分释放，为了让孩子的智慧在运动中得以发展，父母就应该遵循敏感期的发展规律，为孩子运动机能的发展创造条件，给他提供锻炼的机会， 鼓励他的每一个微小进步。就算孩子在动作发展的过程中闯了祸，父母也不要斥责，而是帮助他找到原因并共同解决问题，让他在经历中体验成功和失败，一天天走向成熟。

1岁多的开开爱打人，是脾气暴躁吗？

开开几个月就开始打人了，现在都1岁多了，稍不如意就打人，是脾气暴躁，还是有其他什么原因呢？如果一直这么下去，可怎么办呢？

卢欣老师说早教

“幼儿打人”是个经久不衰的话题，他们打自己、打小朋友、打大人等，从几个月大到6岁的孩子都有这个现象。爸爸妈妈对此的态度各不相同：有些父母就像书中的开开妈一样，只知道焦虑，却不知道如何面对；有些父母非常生气，认为打人的孩子就是个坏孩子，干脆打一顿了事；有些父母告诉孩子打人是不对的，却没有让孩子学会如何解决问题……

的确，我们很难明白小小的人儿怎么会有那么强的“攻击性”！那么，孩子真的是因为“坏”才打人吗？还是有其他我们所不知的原因呢？我们如何才能够顺利解决这个问题，从而让孩子健康成长呢？

要解决这些疑问，我们势必要先搞清楚孩子打人的原因，然后才好“对症下药”，否则很有可能错怪了孩子，或者因处理方法不得当，最终令孩子在成长的过程中蒙上一层难以抹去的“阴影”。下面我们从两大方面来看看幼儿阶段的孩子打人的诸种复杂原因吧。

一、从成长的角度来看，这是孩子身心发展到一定阶段的自然表现

1. 敏感期的正常表现。

1～2岁的幼儿习惯用嘴巴和手来探索世界，这时候的“打人”行为并不是真正地打，只是“拍打”而已，通常是在进行手臂肌肉运动的练习。就像学会了某种技能一样，他们很愿意去尝试，因为这让他们体验到一种前所未有的乐趣。

2. 生理上的原因。

出牙不舒服、饿了、累了、生病、铅中毒或其他重金属中毒所引起的

身体不适等，都可能导致宝宝烦躁、脾气暴躁和爱打人。

3. 语言表达能力有限。

1～2岁的幼儿语言表达能力有限，当有大人逗他玩的时候，他就有可能用“打”表达自己的“热情”；或者想和小朋友玩，但不知道如何表达，就用碰触（其实也就是想摸一摸对方而已）来引起对方的关注和表达自己的“兴奋心情”。由于幼儿不知道如何控制自己，有时候力气或者动作比较大，就会被误认为在打人；还有的幼儿有自己的想法和要求却说不清楚，别人没有照着做，导致其情绪不好，也会打人。

4. 自我意识的萌芽。

这种现象通常发生在恼人的2岁“小叛逆”的身上。这个时期的孩子事事都是“我”字当头，凡是不合意的，都“不要”“不干”，于是靠动手“打”来表达“我”不要、不喜欢的情绪。

5. 人际交往能力弱。

很多孩子在与其他小朋友交往的过程中，遇到一些问题不知道如何面对，就用“打”来解决。比如，不少孩子想玩其他小朋友的玩具，对方不给，就动手打；或者其他小朋友来抢玩具，不知道如何应对，这个孩子就用打来解决。

6. 做事的能力和信心不足。

很多孩子在做事的时候，由于理解能力和做事能力有限，一旦结果达不到自己的要求便会懊恼，就会打自己或者大人来“泄愤”。比如玩积木的时候没搭好，积木倒塌了，孩子往往会发火。

点评： 孩子处在动作敏感期，拍打自己是正常的。所以爸爸妈妈不应该忽视孩子的成长规律，了解得越多，就越能理解孩子为什么会出现这样的现象。

二、从父母的角度来看，不妥当的做法直接导致孩子学会了打人

1. 父母喜欢打孩子。

父母有不良的习惯，比如夫妻一不开心就打架吵架、动作粗鲁，或者动辄拿孩子出气，孩子在打骂中长大。于是孩子就会认为：爸爸妈妈不开心可以打我，那我不开心也可以打别人，只有用打骂才能解决问题。

2. 父母的误解。

在语言发展的过程中，1岁左右的孩子有一个阶段会有“哒、哒、哒”类似“打”的发音，同时手上有敲打的动作，这是孩子语言发展的一个必经阶段，并没有“打”的概念。但是如果父母误以为孩子要打人，告诉孩子“不要打”，如果给予了错误的引导或强化了这个动作，就会导致孩子喜欢打人。

3. 父母未能理解孩子动作的本意。

在与父母嬉戏的时候，有时孩子会无意识地拍打父母的脸，而且发出快

乐的笑声。此时如果父母错误地引导或强化这个动作，比如逗孩子说：“真有意思，来，再打一下。”久而久之，就会让孩子误以为打人很好玩。

4. 情感表达方式有误。

爸爸妈妈在孩子面前互相拍打调情，并且伴随愉快的表情。孩子对表达自己的感情方式尚不知晓，他是在不断地观察和模仿中学习的，如果此时给予孩子错误的信息，例如一边拍打一边嬉笑，这样孩子可能会误认为“拍打”就是表达“高兴”和“喜欢”的方式。所以，父母一定要教给孩子正确的情感表达方式，这样孩子才能顺利地进入幼儿园、学校和社会。

5. 模仿电视节目中或他人的暴力行为。

父母给孩子看有打斗场面、比较暴力的电视节目，孩子就会模仿这些节目中的暴力场面。除此之外，有的孩子在幼儿园看到其他小朋友打人，也会模仿，结果导致自己打人。

6. 孩子缺乏父母的陪伴。

父母很少陪伴孩子，缺少与孩子的沟通，造成孩子内心孤独，为了引起父母的关注，以打人来宣泄情绪。

7. 溺爱的结果。

有的父母溺爱孩子，结果造成孩子任性霸道，在和小朋友玩的过程中，稍不如意或者有意见分歧，就会动手打人。比如在幼儿园，被家庭溺爱的孩子会感到自己受了冷落，失去了“小太阳”的待遇，也会用打人来引起大家的注意。

8. 环境和生活的突然变化。

环境和生活的突然变化引起孩子对新生活的不适应，进而失去安全感，比如搬家、怕陌生人、怕黑、换幼儿园、换保姆、离开爸妈到老家去住等，孩子就用打人来表达情绪。

以上种种是孩子打人的主要原因，爸爸妈妈们仔细对照一下，你们“中枪”了吗？

三、送给爸爸妈妈的锦囊妙计

既然孩子打人有如此多的原因，父母就应该“对症下药”，而不是一味责怪孩子是个“坏孩子”。

以下是应对孩子打人骂人的一些解决方案，供大家参考。

锦囊1．父母要以身作则，正确地“言传身教”。

父母是孩子的天，是他们最直接的榜样。你的一言一行都将影响孩子的言行举止，尤其是家庭成员间发生分歧时互相攻击、哭叫、打闹、吵架，将对孩子产生潜移默化的负面影响。所以，父母一定要注意自己的言行，要讲究文明用语，不要随便说脏话，为宝宝树立正确的榜样。比如，不要动不动就说孩子是“混蛋”“坏孩子”等；更不要将自己的气往孩子身上撒，不要动辄打孩子；理解和尊重孩子，并与孩子共同面对和解决问题。

点评：当父母之间发生矛盾的时候，是否能够妥善处理对孩子有着重要的影响。为孩子营造一个温馨、有修养的家庭氛围，是所有父母应尽的责任。

锦囊2. 要掌握孩子心理，对孩子的打骂行为不要过度反应和“贴标签”。

父母要注意教育孩子的方式。如果孩子打了人，在没有了解情况之前，不要强迫孩子承认错误或者让孩子说不再打人了，更不能过度反应地打骂孩子，因为这样只能对孩子的打人行为起到强化的作用，并引起孩子的逆反心理，与父母对着干。父母应该读懂孩子的内心世界并给予真诚的理解和关怀；和孩子多沟通，多交流，温和而又严肃地告诉孩子打人行为会给他人带来伤害；示范他如何用语言与人沟通，如何以温柔的动作与小朋友交往等。当他真正明白自己错在哪儿，心服口服了，并知道如何做了，他也就不会再去犯同样的错误了。

点评： 孩子打人骂人的时候，很多父母不冷静，喜欢尖叫、吼骂、动粗，并给孩子“贴标签”，比如会说“你怎么这么坏，居然会打人骂人了”“你是个坏孩子，看我不揍你”等，这无疑会让孩子产生逆反心理，他下次仍然会尝试这种让大人生气的表现方式。所以，父母保持冷静，不要对孩子的打骂行为过多关注，寻求妥善的解决方案才是上策。

锦囊3. 根据孩子的不同年龄，为孩子营造一个温馨和谐的成长环境。

对于几个月大的婴儿来说，父母与孩子讲大道理是行不通的。小宝宝会好奇地拍打大人的脸或者做些“打”的动作。在这个年龄段，孩子是没有“打人”的概念的，他不过是在用手探索世界，所以父母不要大惊小怪地惊呼孩子“打人”了，可以尝试转移孩子的注意力。不要只盯着并过于强调这件事情，否则孩子会反复做这个动作，最终让孩子无意识的“打人”转化成真正的“打人”；或者用一些有趣的游戏或者户外活动来吸引孩子，培养孩子的多种兴趣，让孩子的生活丰富起来。

对于大一些的孩子来说，比如过了两岁，父母要为孩子准备多种多样有趣的玩耍机会，包括绘本阅读、游戏、室内室外的体育活动、各种好玩安全的玩具和原材料，多陪伴孩子，拒绝冷漠，关注孩子的心理需求，这样就会减少孩子的“侵犯行为”，帮助孩子约束自己的不良行为。

点评：父母要主动传递正确的信息，这样有利于培养孩子的良好行为。例如轻抚孩子的脸颊，让孩子知道用动作表达“爱”；教孩子亲吻家长、轻轻抚摸父母，以表示对父母和别人的爱。跟孩子玩布娃娃，让孩子拍布娃娃睡觉、给布娃娃盖被、喂布娃娃吃奶等。经常带孩子与其他小朋友一起玩，学习互动游戏，团结协作。和孩子一起养小金鱼、种花等，培养孩子的爱心和对大自然的兴趣。

锦囊4. 随着孩子的成长，尤其两岁以后，父母应该逐步让孩子懂得如何面对“打人”。

孩子从两岁起开始处于建立自我意识的时期，非常看重对所有权的保护，知道了自己小拳头的厉害，于是敌意和攻击行为增多，但这其实是他们发展到一定阶段的自然反应。这些攻击行为，有时候是在语言或力量上输给他人的时候，孩子进行的自我防卫；有时候是因为孩子敏感地感受到周围环境、父母情绪的变化，出于释放压力的需要而表现出来的外在的攻击行为；还有的是孩子在模仿成人解决问题的方式。父母如何正确引导孩子的行为，将影响他一生的人际交往能力，比如成年后是否能够和他人友好相处等。

（1）当孩子真的出现打人行为的时候，父母应该控制事态的发展。

孩子打人，尤其是伤到了对方，父母一定要保持冷静，不要当众大声教训孩子，而应温和而又坚定地低声告诉孩子“打人很痛，会伤到其他人”；或者抱住孩子以便让他冷静下来，等孩子情绪稳定之后，再和他一起对刚发生的事情进行处理，比如先替孩子向对方道歉，或者让孩子和父母一起帮助处理伤者的伤口，然后带孩子离开现场，找个安静的地方再与孩子沟通。

点评：孩子打人，父母的态度直接决定孩子如何看待打人这件事情。父母应该抓住孩子打人的那只手，同时严肃而又坚定地直视孩子的眼睛，让孩子意识到自己的错误，同时告诉孩子“打人会让别人很痛，很难过”等。等到孩子冷静下来，父母再和他交流。

（2）找出孩子打人的真实原因，父母才能“对症下药”。

通过观察和询问，父母要找出孩子打人背后的动机，比如，是因为在某件事情上受到挫折、不会画、不会玩而感到懊恼；是因为想和小朋友玩却不会表达，所以通过“打人”来表达自己的想法；是因为玩具被人抢了，才要打对方，拿回自己的玩具；是因为看到其他小朋友打人，于是自己想模仿等。只有找到了真实的原因并表示理解孩子，父母才能帮助孩子一起面对并解决问题。

点评：父母要鼓励孩子尽可能说出自己的想法，让孩子懂得如何表达。这既锻炼了他的语言能力，同时也让他的情绪得到宣泄，而不是闷在心里，这样才能找到解决的方案。

（3）不要溺爱孩子，耐心解释打人的后果。

如果孩子在家里第一次有意识地打人，父母不要置之不理，不要认为是好玩而逗孩子不断发脾气、打人，因为这样会让孩子没有了界限而将打人变成了一种习惯，只要脾气不顺就用打人来发泄。应该告诉孩子打人会伤害到他人、打人是很痛的，帮助孩子逐渐理解打人所带来的不良后果。

点评：在这个例子中，我们再次体会到父母的言行举止对孩子的影响有多重要。

（4）让孩子懂得如何处理自己的情绪并解决问题。

孩子打人通常是由于愤怒无处宣泄，所以父母要理解并接纳孩子的情绪，同时教会孩子用合理的语言技巧来表达自己的感受，比如“你再抢我的小汽车，我就不和你玩了”；教孩子以温柔的动作方式表达自己的情感，比如“你喜欢与那个小朋友玩，你就去和她轻轻握个手，你们就是好朋友啦”；通过绘本故事和游戏让孩子逐渐懂得如何处理情绪问题；多陪伴孩子进行户外活动，多与同龄的小朋友交往以丰富孩子的生活等，这样孩子就能慢慢明白事理，从而学会如何控制自己的行为，避免孩子由于愤怒而出现打人的举动。

点评：理解孩子，认可孩子的愤怒情绪是很有效的，这样就能在父母与孩子之间架起沟通的桥梁。与孩子共情，但并不认可孩子的打人行为，这表明了父母的态度，阻止了孩子的侵犯行为，让孩子懂得了做人的界限。所以，父母一定要善于观察孩子，引导孩子表达真实的想法。有时候，一句简单的“告诉爸爸妈妈你自己的想法”或者“我理解你愤怒的心情”等，就能够化解孩子内心的愤怒，从而有效地解决问题。

（5）扩大孩子的社交范围，帮助孩子释放压力。

父母要经常跟孩子保持沟通和交流，和孩子一起游戏，培养孩子乐观开朗的性格，并经常带孩子参加一些亲子社交活动，让孩子学习与人交往的技能。有的孩子有与人交往的“恐惧症”，为了帮助孩子释放这种社交压力，可以为孩子提供玩具、图书，设计活动、游戏鼓励孩子参与和合作。

点评：父母为孩子安排合适的亲子社交活动是非常重要的。孩子需要多和同龄的小伙伴交流，这样有利于身心的健康成长。

（6）增强孩子做事的自信心。

孩子有时候会因为做不好一件事情而打人，比如因不会拼图、不会踢球、不懂如何表达自己而感到沮丧。父母就应该从生活点滴中启发和帮助孩子做好这些事情，增强其自信心，让孩子感受到父母的爱，从而明白解决问题不需要打人，而是可以有其他的解决方式，比如用语言或者用心做。当孩子的能力提高了，事情做好了，就有了自信心，打人的坏毛病也就会慢慢消失了。

点评：多给孩子机会去锻炼，当孩子遇到困难的时候，父母可以适当启发孩子，并鼓励他开动脑子，最终自己解决问题。

（7）不打骂孩子，但适当的惩罚有助于让孩子明白事情的界限。

当孩子打人了，父母千万不能“以暴制暴”来打孩子，而是应该了解事情的来龙去脉，让孩子学会换位思考，具备同理心；同时可以与孩子约定简单的“惩罚条约”，比如如果再打人的话，父母有权取消他玩游戏或者听故事的机会等。

点评：规则不需要多，但必须有效。父母事先要与孩子商量，约定好的事情就要执行。这有利于培养孩子的规则意识、自律能力和信守承诺的良好品格。

（8）鼓励孩子的点滴进步。

当孩子有了一点儿进步，比如不再打人，而是懂得如何用语言表达自己的需求，父母就应该及时鼓励孩子的进步，要鼓励孩子具体做事的过程，比如说：“宝宝今天知道告诉小朋友抢玩具是不受人欢迎的，真好。”

点评：孩子的成长是一个过程，所以父母一定要耐心陪伴。反复鼓励孩子所做和所说是如何进步的，就能让孩子明白并记住自己的这些言行，孩子就会慢慢更正自己的不良行为。

语言敏感期（0~6岁）
人类心智表达和社交的学习阶段

婴儿从开始注视大人说话的嘴形并牙牙学语时，就开始了他的语言敏感期。语言具有力量感，是思维的表达方式，也是各种能力的基础，更是婴幼儿智力发展的关键因素，因为语言的运用就是要使人们能够自由表达自己的思想并与人交往。由于婴幼儿具有天生的语言敏感力，因此，父母应耐心陪伴孩子，经常和孩子说话、为孩子讲故事等，提高孩子的表达能力，为其日后的人际关系和社交能力奠定良好基础。

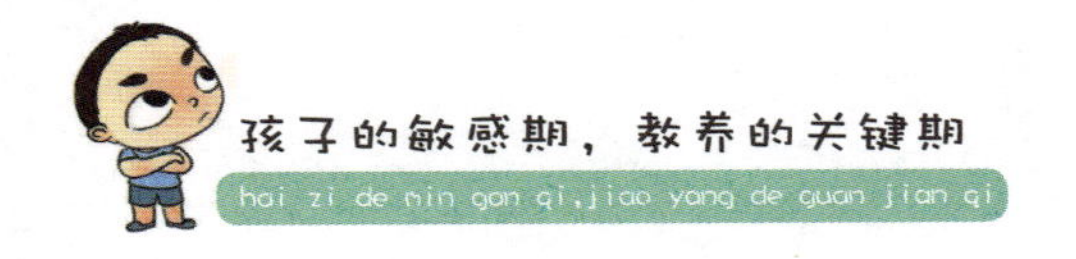

什么是语言敏感期？

想了解孩子说脏话、说悄悄话、说话迟的原因吗？

一起走进孩子的语言世界吧！

还记得刚出生的宝宝的第一声啼哭吗？还记得第一次听到宝宝叫“爸爸”“妈妈”的感觉吗？无论是那清脆的啼哭声，还是那稚嫩的叫声，一定都会让初为父母的你心花怒放。当你为宝宝每天的语言进步感到欣喜的时候，当你为宝宝说话不清楚而感到焦虑的时候，或者当你对于宝宝在某个阶段出现的各种语言问题而感到困惑的时候，你是否知道，宝宝的“语言敏感期”对于他语言能力的发展起着至关重要的作用呢？

语言敏感期是指0～6岁的孩子天生就具有学习语言的潜能，他们在这个年龄段对语言发音特别感兴趣，并且乐此不疲地通过模仿甚至自言自语等来重复语言练习。成年人为他们提供的环境以及孩子与环境的互动决定了孩子的语言能力。对于孩子的心智发展来说，语言是至关重要的一个因素。

从出生那天起，孩子就开始不停地向大人传递信息，他们用哭、笑或不间断的肢体动作来表达感受。如果语言环境有趣好玩且和谐，他们会充满兴趣并热情洋溢地吸收各种有利于语言学习的养分来激发他们的语言潜能。

婴幼儿期是人一生中语言发展的关键期，婴幼儿的语言学习主要是与他人交往和在运用语言的过程中完成的。为了让孩子成为语言的主动建构者，作为孩子第一任老师的父母应该为他们创设想说、敢说、喜欢说、会说的语言环境，让孩子成为这个良好环境中的主人，从而很自然地提高语言综合能力。

那么，孩子的语言敏感期究竟有些什么重要特点，父母容易犯什么样的错误扼杀孩子学习语言的兴趣，又有什么妙计来帮助孩子提高语言运用的综合能力呢？让我们一起来探索孩子语言敏感期的小秘密吧！

一、孩子“语言敏感期”的发展规律

越了解孩子的语言发展特点，父母就越能够懂得如何与孩子互动，从而激发孩子的语言潜力，提高孩子的语言综合能力。

从总的方面来看，婴幼儿的语言发展主要有以下两个关键的时期：

1. 语言准备阶段：这个时期宝宝虽然不会说话，但却有着非同寻常的语音辨别力，为“语言爆发期”的到来打下了良好的基础。

点评： 刚出生的宝宝虽然不会说话，但已经开始学习语言了。千万不要以为他们听不懂你在说什么，其实他们对语言的辨识能力比成年人要厉害得多。他们能够辨别不同的声音，尤其喜欢妈妈的声音。所以，母亲温柔的话语声和及时的回应，不但能很好地安抚宝宝的情绪，还能帮助宝宝建立良好的沟通模式，帮助宝宝为下一步语言的发展做好准备。

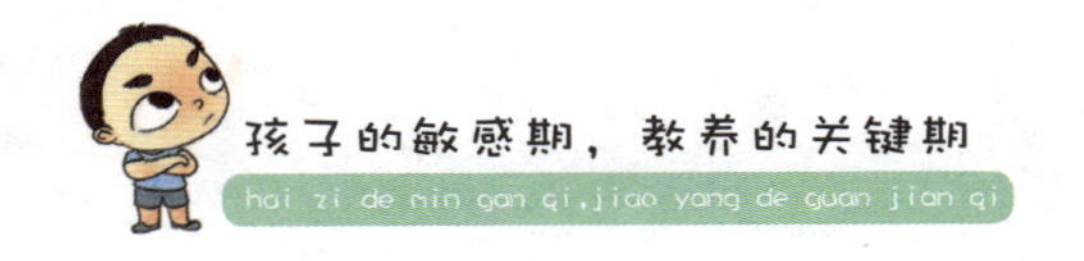

2．语言爆发阶段：不知不觉，甚至是出乎父母的意料，宝宝的词汇量厚积而薄发。

点评：孩子从最初说出“爸爸”“妈妈”，到时常不经意间从小嘴里蹦出的那些词语都会让父母惊喜一把！一开始孩子只会说些简单的词语，事实上孩子能够理解的词语要远远多于他会说的词。比如，通常当父母说到某个词时，孩子就算不会说，他也会看相对应的物体来表明他明白大人的意思。正是这种对词汇理解的日积月累，很多孩子1岁多或者2岁以后就开始进入神奇的“语言词汇爆发期”，不断地说出一些他曾经听到过的成年人所说的话或者自己创造一些新说法。

宝宝从出生那天起，虽然不会说话，但是已经会用喜、怒、哀、乐的表情以及简单的肢体动作来“说出”自己的感受；虽然不会说话，但是他们每天都很认真地聆听大人说话的内容，无形之中，在还没有正式开口说话之前，他们就已经积累了惊人的语言力量，只待在适当的时机爆发。这就是很多“很少说话的孩子突然在一夜间‘出口成章’”的原因。

所以，父母千万不要过于焦虑地只以“宝宝会说话了没有”作为孩子语言是否正常发展的指标，而是应该为孩子准备良好的语言互动环境，将孩子的语言潜能激发出来。

二、孩子的语言发展特点精彩纷呈

父母越理解孩子，就越能正确地帮助孩子提高语言能力。现在就让我们一起大开眼界，看看孩子有哪些具体的语言发展特点吧！

1. 鹦鹉学舌：孩子在模仿中享受着语言带来的喜悦。

点评：孩子最初学习说话的时候，是从无意识地模仿大人的话开始的。这个时候，如果父母问孩子问题，他通常不会回答，只是机械地模仿。在无意识的模仿过程中，孩子逐渐发现他能用一个词语配上一个相应的物体，这让他惊喜万分。于是，他就从无意识的模仿到有意识地不断重复这种配对练习，享受着语言带来的喜悦。

2. 自言自语：这往往是孩子的“游戏语言”，是其思维的有声表现。

点评：有些父母会认为孩子的“自言自语”是有心理问题，但事实不是这样的。孩子小时候都喜欢自言自语，尤其在独自游戏的时候，常常会扮演各种不同的角色，与他假想的一些“小伙伴”一起玩耍，时而与这个角色对话，时而与另一个角色对话。这是孩子在用各种有趣的方式锻炼自己的语言能力，也是他排遣孤独的巧妙方法。

3. 说悄悄话：也许孩子并没有讲清楚什么事情，但是父母却可以与孩子一起展开想象。

点评：如果孩子有一天突然变得神秘起来，热衷趴在父母的耳边说“悄悄话”，但往往却说不清楚，这个时候父母不要对这种现象感到奇怪，因为孩子发现他既可以大声喊叫，也可以低声耳语，语言的多种表达形式让他兴奋不已。这是孩子在用各种不同的表达方式探索语言的魅力，也是他展开想象力的良好时机。父母不妨配合孩子，一起开启想象的美好旅程，并用语言表达出来，帮助孩子提高语言表达能力。

4．创造语言：孩子不仅会模仿语言，还会创造语言，想象力是非常棒的！

点评：开妈从开开出生起，就给开开唱“小兔子乖乖”这首儿歌。现在开开两岁多了，开妈有时候会和儿子谈到“安全的问题”，没想到，开开竟然将妈妈平时给他唱的“小兔子是如何保护自己的”的儿歌换成了自己的想法，“创作”了一首自己的“新儿歌”，这是基于儿歌故事的创造性能力。有很多像开开这样的小朋友，当他们发觉语言的奇妙之后 ，就会去创造一些新的说法来表达他们的心情。

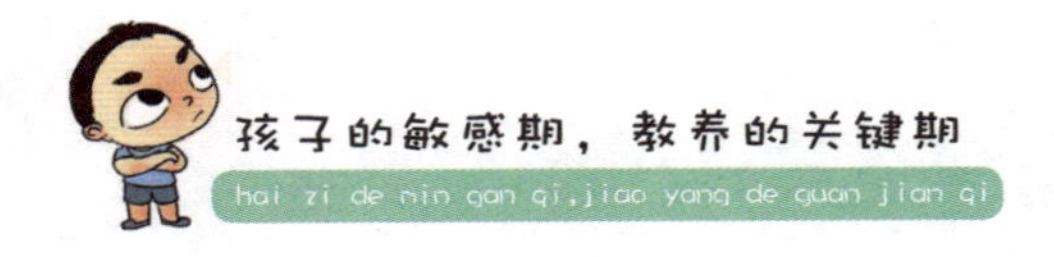

理解并善于观察、耐心陪伴孩子的父母，总会在孩子成长的点滴中，发现他的神奇之处，并给予积极的关注和认可，这样的鼓励将促进孩子语言和心智的发展。

5. 学说“脏话”：孩子不是在刻意说脏话或者诅咒什么，而是在探索这种语言的力量。

点评：2.5岁之后，尤其是在3~5岁这个阶段，不少孩子喜欢说“我打死你”“笨蛋”“踢死你”等诅咒性的语言，这让很多父母感到头痛，不理解自己的孩子怎么突然说粗话脏话了。其实，这是孩子语言敏感期发展的一个阶段而已，他们通常用诅咒的语言来表达他们的情绪，感受语言的力量。他们并不懂得这些词是粗话脏话，他们之所以乐此不疲，是因为这个过程是他们学习语言和交流的过程，他们模仿他人，也被他人模仿，这让他们感受到了乐趣和满足，而不是父母所认为的孩子在通过这种方式去侮辱和谩骂别人。

6. 口吃结巴：往往这并不是孩子真的口吃、结巴，只是孩子表达暂时跟不上思维所致。

点评：通常到了三四岁的时候，孩子开始有了一定的逻辑思维能力，同时词汇量也开始增多，这个时候孩子试图用更加准确的句子来表达自己的想法。但由于仍然受到词汇量的限制，孩子想表达的内容有时候跟不上他思维的速度，并且是脱节的，这个时候孩子就容易出现"结巴"的现象。但这只是一个暂时现象，父母只要耐心给孩子时间让他慢慢表达，鼓励孩子慢慢说出自己的想法并说完整，那么随着孩子年龄的增长和词汇量的不断增多，这种现象将自动消失。

在语言敏感期阶段，孩子对外界的语言刺激是非常敏感的。孩子从1岁开始，从无意识地模仿成年人的话，到有意识地重复他所听到的话语，然后经历诅咒和口吃、不断创造语言等阶段，孩子的语言能力得到了很大的提升，越来越能自如地运用语言来表达自己的想法和心情。

父母的语言环境对于这个阶段的孩子来说是最重要的语言环境，如果父母能够适时给予大量刺激， 比如说文明的、规范的、准确的、富有美感的语言，再加上孩子自身的潜能，那么孩子的语言综合能力将会得到快速的提高。

三、在孩子“语言敏感期”阶段，父母常犯的错误

家庭语言教育存在的问题将阻碍孩子正常的语言发展。

1. 忽视或不懂得如何创设良好的家庭语言环境。其实，父母是孩子最好的语言老师。

点评：许多父母忽视或者不懂得如何为孩子创设良好的家庭语言环境，他们过多地依赖于早教班或者幼儿园，认为那是老师的事情，与自己无关。但事实上，孩子仅与老师和小朋友沟通是不够的，父母是孩子最好的语言老师。父母说儿语、粗话脏话或者不注重对孩子的早期读物加以选择等，都将不利于儿童语言的发展。

2. 父母与孩子的交流过少。这将导致孩子不愿与人交流。

点评：有的父母责怪孩子不愿说话，不愿与人交流，他们却没有想到自己也不爱和人说话，自己的性格就是这样的；有的父母忙于工作，将孩子交给老人，却很少和孩子聊天；有的父母即使是在家，要不就是看手机，要不就是做其他的事情，不愿意与孩子沟通。如果这些种种不愿意与孩子交流的状况持续下去，久而久之，孩子的语言表达能力也就有限，不再愿意与人交流了。

3. 忽略“教育源自生活”的基本常识。这就让孩子失去了最便捷、最熟悉的提高语言能力的途径。

点评：很多父母总是希望找到一些让孩子快速学习语言的教材，认为那才是提高语言能力的途径。但对于孩子来说，最熟悉和最便捷的语言学习方式却是来自日常生活的点滴，这一点不少父母都忽略了，以至于孩子失去了最简单、最有趣的语言学习氛围。比如，当天空有小鸟飞的时候，父母可以和孩子聊一聊“小鸟和飞机”是如何在天上飞的；当过马路的时候，父母可以告诉孩子“红灯停、绿灯行”；当看到马路上的小汽车，父母可以告诉孩子“公共汽车和小汽车是不一样的”；等等。总之，生活中的点滴都可以成为父母与孩子语言交流的渠道，生活是最好的“语言教育素材”！

4. 刻意教孩子说话，并让孩子不断重复自己所教的每一句话。这会让孩子失去语言学习的兴趣。

点评：孩子学习语言，应该在一种自然的语言环境下轻松进行，而不是在父母不间断的、狂轰滥炸的方式中学习语言，这样的压力是不会让孩子对语言学习感兴趣的。所以，父母要掌握一些语言交流的技巧，比如通过和孩子玩游戏或者唱歌等来学习语言，而不是每天不停地教孩子说话并让他立即重复你教过的话。

5．喜欢打断孩子的自言自语。这不但打断了孩子的思维，还让孩子失去了语言锻炼的机会。

点评：很多儿童在独自玩耍的时候，都会有自言自语的现象。但那不是孩子脑子有病，也不是没有意义的事情——那恰恰是非常有趣的、孩子与自己内心对话的过程，甚至是孩子创造新语言的过程。在这个过程中，孩子不但组织自己的语言来表达自己的思想，同时还能发挥其想象力和创造力。所以，孩子独自玩耍的时候，父母千万不要打扰他的自言自语，要珍惜他们的语言自我创造和能力提升。

6．直接粗暴地纠正孩子的语言错误。这将彻底毁灭孩子学习语言的自信心。

点评： 孩子的语言表达能力是一个循序渐进的过程，说不准确或者说错是常有的事情，哪有不犯错的人呢？何况他还是个孩子。所以，父母应该理解孩子，懂得孩子的心理，不应该说“你错了”，因为这会打击初学语言的孩子的自信心。正确的做法应该是：不要直接粗暴地纠正孩子的错误，而是温和地提示或者补充，让孩子得到一种正确的暗示；还可以鼓励孩子大胆说出自己的想法并为孩子加油。这样，在潜移默化中，孩子的语言能力就会得到提高。

7. 凡事都替孩子说和做。这样将剥夺孩子语言表达的机会。

点评： 父母在育儿的过程中，由于不懂得如何引导孩子，往往是“好心办坏事”！孩子在刚开始说话的时候，由于语言表达能力有限，时常会用哭或者手势来代替他想要表达的内容和需求。这个时候，父母不但要引导孩子学习如何用语言表达，还要帮助孩子养成良好的思维方式。

比如，当孩子用手指着他想要的东西的时候，父母可以耐心地告诉孩子：“你说‘我想吃橘子’”。如果孩子还不会说，父母不用强迫，将橘子交给孩子就可以了。这样，在轻松的环境中，有机会让孩子多尝试表达，慢慢地孩子就能够养成“遇到问题，不需要哭，也不要用手势，而是先用语言表达自己的想法或感受或寻求帮助”的思维方式。

8. 父母过分关注孩子说的粗话、脏话等诅咒语言。这样反而会将简单的事情问题化。

点评：2岁多到5岁的孩子爱说粗话、脏话，三句不离“臭屁、傻瓜”之类的话语。这些词，有些是从家里大人那儿或者电视里听来的，有些是从别的小朋友那里听来的。很多父母都会感到很困惑，认为孩子学坏了，而且不明白为什么孩子会对这些词那么感兴趣。

其实，孩子对这些词并没有“好坏”的道德评判，只是觉得好玩和好奇，甚至可以将其作为他们宣泄情绪的一种工具。这并不是什么大问题，而是孩子在语言敏感期阶段的一个表现。如果父母过于关注或者打压孩子的这种行为，反而会将孩子的这种行为真正问题化了。

所以，父母遇到孩子说粗话、脏话的时候，可以采取冷处理的方法，不搭理孩子，这样孩子觉得无趣了，也就没有了继续这种“恶作剧”的动力；或者可以和孩子玩游戏，转移他的注意力；或者讲一些绘本故事让孩子明白什么是“礼貌用语”，并给孩子示范如何用正确规范的语言表达自己。

9．强迫自家孩子学习英语。如果没有合适的双语环境，这样做会让孩子既学不好母语，又会失去英语学习的兴趣。

点评：虽然幼儿在双语学习上有优势，但是这并不代表父母可以不顾孩子的语言发展特点以及孩子的兴趣而强迫孩子学习英文。如果父母不能给孩子提供自然的、寓教于乐的双语学习环境，那么外语学习不仅不能促进孩子的语言发展，反而会适得其反，影响孩子母语的学习。

10．家庭语言暴力。这不但不能让孩子感受到语言的美好，还将伤害孩子幼小的心灵。

点评：父母的不良情绪是阻碍父母与孩子正常沟通的大敌。在这样的情绪下，父母极易在家庭中对孩子实施语言暴力，包括用各种粗暴的语言讽刺挖苦（比如“你这个蠢货”）和威胁孩子（比如“你再不听话，就打死你”）等，这对孩子的自信心将是一种严重的打击。在这样的家庭环境中成长的孩子缺乏对温暖情感的体验，会逐渐产生自卑感和无助感，也很有可能变得说话尖酸刻薄，无法与他人和谐相处。

0~6岁儿童的脑发育速度是很快的，随着摄取的信息越来越多，他们急于用语言表达自己的思想，却时常不知道该如何说，这时候就会出现脑部思维快过语言表达的现象。如果没有一个良好的语言环境激发孩子语言方面的潜能，他们的语言能力就会发展滞后，出现语言贫乏和交流障碍等。

所以，父母应该根据自家孩子在不同年龄段的语言发展特点，提供一个良好的语言环境，并成为孩子最好的语言老师，为孩子阅读故事书、多和孩子交流、鼓励孩子提问、鼓励孩子开口说话、与孩子做游戏等，让孩子在愉快轻松的环境中提高语言能力。

四、帮助孩子提高语言能力的良好方法

为孩子准备一个良好的语言发展环境，是父母应该努力做到的。

1. 创造自然温馨的语言环境：让孩子通过在生活中认识周围事物来发展语言。

点评：婴幼儿学习语言，是与周围的人、物体、大自然及社会现象紧密相连的。他们通过听、看、触、摸、尝、闻等直接感知获得周围的一切知识，继而发展语言；而语言不是空洞无物的声音，它与物体、动作、环境、事物等紧密相关。

刚出生不久的宝宝特别喜欢与爸爸妈妈的“对话游戏”：当宝宝兴高采烈地挥动着小手时，如果父母以温柔的表情回应宝宝，并跟他“对话”：“宝宝今天好开心啊，笑得甜蜜蜜，睡好了，醒了。”这时宝宝就会用开心的“咿咿呀呀”的儿语以及可爱的表情回应。虽然彼此都不知道在说什么，但这样的亲子交流，却是宝宝最佳的语言学习机会。孩子的父母作为语言环境中最重要的因素，在与宝宝交流的时候，语言一定要简短有趣、语速要慢、温柔亲切，必要的时候重复一下关键词，这样的交流方式，宝宝才会有兴趣。

等孩子大一些了，父母可以带孩子进行户外活动、逛公园、在家里进行各种游戏，让幼儿直接感知生活中的丰富多彩，在实践中动手、动脑和动口来提高语言发展能力。

所以，认识世界的能力与语言能力是息息相关的，语言的发展提高了儿童的认识能力，而认识范围的扩大、内容的加深又丰富了儿童的语言。因此，成年人要根据儿童直观感知的特点，为其创设语言表达的条件、丰富生活内容，让他们在实践中认识世界，从而使语言能力得到发展和提高。

2. 发展思维能力：儿童的语言表达与思维能力有着密切的关系。

点评： 4岁多的开开虽然回答得不是那么完美，但是他已经能够基本表达清楚自己的思想了，这与开妈长期为他读绘本故事以及带他到大自然中有关，也与开妈时常提些问题让开开思考并回答有关。

事实证明：儿童掌握语言的过程也是思维发展的过程。儿童语言的发展，让他能够表达其想法，而思维的发展，又促进语言的构思、逻辑思维能力和表达能力的发展。在幼儿语言学习的过程中，父母可以采用多种多样的形式，比如通过父母提问、阅读故事书、满足孩子的好奇心、鼓励孩子多提问等，发展他的观察力、记忆力、想象力和独立思考能力。

3. 听、说、看、读、写：通过这些综合能力的提升，让孩子真正拥有语言表达的能力。

（1）听：语言学习，首先要学会听，要有倾听能力，才能模仿说。

点评：父母通过这样的听力游戏，既提高了孩子听力方面的反应能力，也让孩子认识了不同物品的名称说法。

父母应该为孩子创设多种多样的“听”的良好环境：当孩子说时，父母不要打断，要认真倾听，亲子间多交流，还可以听故事、听音乐、听各种动物的声音等。让孩子听后聊一聊自己的想法，或者模仿某种声音等，这些都是在培养幼儿良好的倾听习惯。

（2）说：孩子只有在丰富有趣、轻松平等的生活氛围中，才能真正做到有话可说、愿说和敢说。

点评：这是有趣的家庭亲子游戏——“传话”，是妈妈让开开将她的话传给爸爸，爸爸再将开开的话告诉妈妈，看看开开说得对不对。这种游戏可以反复玩，内容也可以根据实际情况越来越复杂。孩子传话是否正确并不是主要的，关键是孩子在有趣的家庭氛围中，愿意开口说话并享受到父母的关爱，同时孩子的语言表达能力和记忆力都得到了提高。

所以，父母在日常的生活中，尊重孩子的心理特点和心理需求，抓住孩子感兴趣的事物，比如游戏、讲故事、户外活动、郊外旅行、与小伙伴们玩耍等，为他们提供观察、模仿、交流的语言学习机会，让孩子不断积累交流和表达的经验，并鼓励他们的点滴进步，让孩子在自然丰富的生活环境中有话可说、有话愿说和有话敢说，从而拥有良好的语言表达能力。

（3）看：通过让孩子观察大自然和生活等具体直观的方法，调动孩子语言学习的兴趣。

点评：无论是从阅读中看到的各种图画，还是在生活和大自然中看到的各种景色，这些具体直观的场景，都给予了孩子大量的机会去观察和感受生活。当他们生活的经验越来越丰富的时候，将会很有兴趣去表达自己所看到的一切，从而发展语言表达能力。

（4）读：读书、读诗、读图等，会让孩子自信并拥有较强的语言表达能力。

点评：“挂历”有很多的用途，比如让孩子辨认年、月、日和假期，记录孩子自己的活动时间以及家庭的日常安排等。通过读图，孩子也能提高语言表达能力。

除了读图，父母还可以让孩子多多读绘本、读诗，进行各种有趣的“读”的活动，让孩子享受书所带来的平静和美好，让孩子拥有自己的独立思考能力，这些都有助于孩子与他人展开交流，并成为一个自信和具备优秀语言表达能力的人。

（5）写：这并不是我们所理解的拿笔去写的“动作”，而是幼儿通过涂鸦提高自己的语言能力。

点评：幼儿喜欢涂鸦，涂鸦的过程，也是他们表达内心情感和想法的过程，这有助于语言表达能力的提高。所以，父母平时可以带孩子接触各种丰富的自然环境，鼓励孩子用画来表达自己的内心的同时，也激发了他们的想象力和语言思维能力。

丰富的生活是语言的源泉！

所以，尊重个体、宽松和谐、轻松有趣的生活环境是幼儿语言学习、练习和发展的基本前提，是激发孩子语言潜能的必要条件。父母应该丰富孩子的生活，让他们在自然的生活环境中，拓展视野，增长知识，扩大对事物的认知和理解，引导他们独立思考和仔细观察，启发他们的求知欲望，培养多方面的兴趣。

孩子的生活经验越丰富，他们能够说、愿意说的东西就越多，他们才能主动成为语言的学习者和建构者，语言表达能力也就越强。孩子只有真正具备了语言表达能力，他们才能将自己的想法正确表达出来，才能自由自在地与人沟通和交往，增强自信心。

最后的总结：

综上所述，语言在人的一生中占据着重要地位，是人类智力发展和社交能力的核心因素；语言能力是每个人一生中极为重要的生存能力，也是现代人才必备的基本素质之一，人们的语言交流和人际沟通能力在这个竞争日益激烈的大环境中显得更加重要。

但是长久以来，人们通常都以为语言只是一种沟通工具，必须要熟练地掌握它、使用它。这种认识仅仅是从语言的交际功能出发的。事实上，语言既可作为工具，同时也是心智能力的一种体现。比如，同样是说话，同样要表达一种意思，有的人“妙语连珠”，随时可以用语言表达思考的问题，在大众面前能够清晰地把自己的思想和意念传递给别人；而有的人却“词不达意”，无法清晰地表达自己的想法，这就是心智能力的差异。

所以，如果我们说话时用语准确，修辞得体，语音优美，那我们从事各项工作会更加游刃有余，事业就会更加成功，人生也会更加丰富多彩。那么，作为父母，应该了解0～6岁孩子在“语言敏感期”的发展特点，为孩子创造良好的语言发展环境，激发孩子的语言潜能，耐心陪伴孩子的成长，呵护孩子的自信心，让孩子具备与人沟通和表达自我的语言能力，从而拥有幸福健康的人生。

2岁多的开开说话还不太清楚，孩子说话晚怎么办?

开开都2岁多了，我平时也很注意与他交流，但他就是不愿开口说话；不过我说什么他基本都能明白。我同事的孩子也2岁多，都已经会说好多话了。开开为什么会这样呢？

卢欣老师说早教

“孩子快2岁或者2岁多还不会说话”是一个常见的问题，不少父母都会遇到这个问题，有的孩子甚至快3岁了也说不了几个词。

“说话晚”的孩子通常会有这些表现：

1.能说“爸爸”“妈妈”等几个简单的词，其他的就表达不清楚或者根本就说不出来了。
2.父母在教孩子说话的时候，孩子也不愿意开口说，有的甚至会发脾气。
3.能够基本听懂父母说的话，但就是不会表达自己所想的，包括很简单的表达也不会。

那么，到底是什么原因造成孩子“说话晚”呢？作为父母，我们又应该如何帮助孩子提高其语言表达能力呢？

一、孩子“说话晚”的主要原因

我们在前面一篇“什么是语言的敏感期”中谈到了由于父母的错误而阻碍了幼儿语言能力发展的10个问题，大家可以对照一下，看自己是否犯了这些错误。除此之外，孩子在两三岁的时候出现“说话晚”的情况，这个问题主要还是出在父母方面：

1. 父母“爱攀比”导致了孩子的心理压力，因此孩子不愿开口说话。

点评：每一个孩子都是不一样的，其语言敏感期的表现也就不一样。有的孩子说话早一些，有的孩子说话晚一些，孩子在2~3岁这个阶段说话不清楚或者说不出来，都很正常。语言表达能力的提高是要根据孩子自身的发展节奏来调整的。只要不是听力或者智力方面的问题，父母就没有必要担心，更不能将自家孩子“说话晚”与他人孩子“说话早”进行比较，这样就等于是在暗示自己的孩子不如他人。虽然孩子不会表达，但是他都能听懂大人在数落他不如其他的孩子，这就会给孩子造成心理压力，导致他更不愿开口说话了。

2. 父母焦虑的心情或嘲笑的态度让孩子感受到了压力，从而导致他害怕开口说话。

点评：语言发展能力主要包括语言理解和语言表达，对于“说话晚”的孩子来说，如果他能够听明白父母所说的意思，也就是父母通常所认为的“孩子什么都懂”，这就证明了孩子的听力和理解能力都没有问题。至于说话晚，相信很多父母都会有一个感触，就是孩子在很长一段时间里说不了什么，但是突然有一天能够讲出很多的话，让

父母大吃一惊，原因就在于这些孩子表面看上去不会说话，但其实他们是默默地在观察、在听、在模仿和在内心积累词汇，只是不开口说话而已，所以这个阶段孩子暂时处于“语言沉默期”，到了爆发的阶段，他就会“出口成章”了。

3. 父母为了省时省力，把与孩子说话交流的任务交给了电视机、手机或者iPad。

点评：虽然有趣、有益的动画片能够给孩子带来欢乐，但是如果父母总是让孩子与这些电子产品输出的内容为伴，孩子得到的只是来自电子产品“单向”的内容输入，这种“学习方式”远远比不上父母坐下来陪孩子聊天和交流的效果好。因为孩子在学习语言的时候，来自成年人的回应和互动是非常重要的；与孩子面对面的交流不仅是听和说，还有很多温暖的情感交流以及肢体语言的表达，这些发生在父母和孩子之间的“双向交流”不但促进了孩子语言能力的发展，而且还加强了亲子之间的亲密关系，其作用是动画片或者电子产品所不能替代的。

以上的三个主要问题是父母在孩子2～3岁的时候容易出现的错误。另外，有一些家庭由爷爷奶奶等老人带孩子，老人讲方言，而父母讲普通话，多种语言的混杂环境有时候也会导致孩子说话晚或不清楚。有时候，父母本身就是不爱讲话的人，因此孩子不爱讲话也有遗传的因素。

二、 送给爸爸妈妈的锦囊妙计

无论是什么原因造成孩子“说话晚”，父母都应该尊重孩子在语言敏感期的个性发展特点，亲自陪伴孩子，耐心等待孩子成长。针对2～3岁孩子“说话晚”的状况，这里给出一些改进的建议供父母参考。

锦囊1．父母要放松心情，不要强迫或者催促不想说话的孩子。

对于两三岁的孩子来说，孩子在语言学习的过程中，有时候会出现不好意思开口、吐字不清楚、无法表达所想等现象，这些都是正常的。父母不要对孩子有目标性的期待，更不要想当然地认为孩子已经两岁了，就应该如何如何了，不能比别人家的孩子差等，这样会给孩子造成很大的心理压力，孩子想说反而不愿意说了。父母要做的，就是保持淡定和放松的心情，耐心陪伴孩子，平时多跟孩子聊天，给孩子更多的时间去发展和完善自己的语言能力，相信孩子进步的力量，千万不能着急。虽然孩子会说的话语有限，但其实孩子是理解的，只是表达不出来而已。

点评：2岁多的开开无法表达清楚“给妈妈一个苹果”的意思，但是开妈没有嘲笑或者纠正孩子，而是很自然地用简短的句子帮助开开将他想说的话补充完整，同时表示“谢谢”。在这样温和礼貌的语言环境中，孩子没有压力就会逐渐学习到正确的语言表达。父母对两岁的孩子说话时，句子要尽量完整和简单，通俗易懂，并加强语言的趣味性和情感性；同时，要避免大量地、不断地逼迫孩子重复大人要他

说的话。在不带目的性和强迫性的环境中，孩子的语言能力自然会逐步得到提高。

锦囊2．找到孩子感兴趣的事情，激发孩子表达自己想法的热情。

不少父母会有一个困惑：两岁多的孩子怎么都不肯开口说话，有时候还要发脾气，真不知道该如何沟通。

其实，孩子不肯说话时，父母不应该责怪孩子，而是应该换个巧妙的办法解决问题，即找到孩子感兴趣的事情，这样沟通就会开始变得有趣和容易得多。这个方法对于总是不肯开口说话的孩子非常有效，父母一定要有耐心并带有一定的幽默感，那么孩子开口说话就指日可待了。

点评：在和孩子沟通交流的过程中，父母不要以自己的喜好来让孩子学习说话，而是根据孩子的兴趣来逐步激发他表达自己内心想法的意愿。如果孩子喜欢玩泥巴，父母可以陪伴孩子一起，在玩的过程中与孩子一起看看泥巴可以做出什么样的形状；如果孩子喜欢美食，父母可以带着孩子去逛市场，告诉孩子蔬菜、水果等各种食物的名称；如果孩子喜欢听故事，那就讲故事给孩子听，和孩子一起游戏等。

当孩子的兴趣被调动起来，开始信任父母并乐意参与到与父母一起的各种活动后，孩子将会在某一天突然爆发出流利的语言，可能会把做父母的你吓一大跳！

锦囊3．让生活充满好玩的游戏。

很多父母都没有意识到自己的性格其实是很影响孩子的。如果父母幽默、有趣，那么孩子通常也是会很幽默开心的。所以，多和孩子玩游戏，包括各种语言游戏，让生活中充满欢乐，父母就不愁孩子不会说话了。

点评：这样的游戏，等孩子熟悉并能够开口说话了，父母和孩子还可以交换角色，让孩子说出身体部位的名称，父母来按照口令行事。类似这样的语言游戏在生活中还有很多，比如：洗澡的时候，妈妈可以告诉孩子身体部位的名称，还可以通过生动形象的语言表述告诉孩子洗澡的体验——“小手拍打出了小水花”“身体泡在水里好温暖呀”等；平时在房间里，可以告诉孩子家里有哪些物品是红颜色的，有哪些是黄颜色的等，等孩子熟悉了，可以让孩子尝试指出房间各种物品的不同颜色和名称。如果孩子的生活充满了好玩有趣的游戏，那么在温馨的亲子活动中，孩子的语言表达能力就一定能够不断得到提高！

锦囊4. 每天给孩子讲一个有趣的小故事。

没有不爱听故事的小朋友，只有偷懒或者逼迫孩子非要从故事里学点什么不可的爸爸妈妈。父母，尤其是那些不善言辞的父母，应该每天给孩子讲一个有趣的小故事，不带功利性目的，这是孩子自然学习语言的有效途径。

点评：爸爸妈妈在给孩子讲故事的时候，不一定非要拿着图画书给孩子讲故事不可，有时候可以随时随地将生活中看到的一切编成可爱好玩的故事；讲故事的时候，还可以根据具体情况，做一些动作来吸引孩子的注意力。如果孩子有兴趣，还可以和孩子讨论一些问题，即便孩子不会说，父母仍然可以提些简单的问题，但是没有必要强迫孩子回答。与孩子分享故事或者阅读绘本，是启发孩子良好语言表达的方法之一，这比让孩子看电视或者听早教机和故事机要强得多，因为幼儿需要的是父母的陪伴，而不是机器声音的陪伴。

锦囊5. 多带孩子参加各种户外活动。

多带孩子出去玩，去和年龄相仿的小朋友一起玩耍，去动物园、植物园、海洋馆和博物馆看各种动物和植物，去大自然欣赏各种奇妙的风景，等等。这些不但拓宽了孩子的知识面，激发了孩子的求知欲，还让孩子在丰富的生活体验中得到更多的感知，从而提高语言表达能力。

点评：周末，父母带孩子去郊外或者公园玩，一起做亲子游戏，孩子在轻松活泼的气氛中自然就会去学习如何表达自己。

空间敏感期（0~6岁）建立数学二维和三维空间的基础

空间智能是儿童时期非常重要的认知能力，也是最有趣的一个敏感期。孩子通过使用并超越自己的身体，尽情地探索这个世界的空间，从而认识周围世界，理解事物之间的关系。空间智能的发展期，是孩子建构数学二维和三维空间的基础，也是想象力和创造力大爆发的时期。

什么是空间敏感期？

孩子为什么会不停地扔东西、翻东西？为什么喜欢用小手抠家里的电插座？为什么喜欢跳上跳下？为什么喜欢转圈圈？为什么乐此不疲地反复爬楼梯？为什么反复爬桌子、钻床底？……随着孩子会爬、会行走，空间开始变大，于是就有了这些层出不穷的、每天都令父母担忧和头痛的事情发生。

其实，这是好现象，这意味着孩子的空间敏感期来啦！只有了解了孩子在这一时期的特点，父母才能够更好地帮助孩子健康快乐地成长。所以，父母千万不要错过儿童的空间敏感期哦！

什么是空间敏感期？简单说来，0～6岁的孩子首先通过口和手，然后逐步发展到使用自己的身体并最终超越自己的身体来探索和认识这个物质世界的空间。这一探索的过程，是孩子在发展其空间智能，是孩子想象力爆发和自我创造的过程，也是构造数学二维和三维空间的重要基础。

那么，我们如何具体理解孩子的空间敏感期呢？

一、0~6岁的孩子在不同的年龄段，其空间敏感期的表现也不同

1．0~1岁：最早期的空间探索拓宽了孩子的视野。

点评：左图中，开开正在通过扔玩具，锻炼视觉追踪能力，并感知空间的距离。孩子最初用口和手来探索世界，但当他们开始爬以及行走之后，从不停地向地上扔东西等活动

中，他们开始体会到世界是立体的。在保证安全的前提下，父母应该鼓励孩子多爬、多扔东西。

2. 1~2岁：随着行走能力的加强，孩子对空间更加充满好奇。

点评：右图中，刚会走路的开开正满怀欣喜地“工作”着，他要看看自己和小车与“房间”这个空间到底有什么关系。这个年龄段的孩子喜欢推着小椅子到处走动；爬桌子去拿桌上的东西；在沙发上反复爬上爬下……孩子通过反复地攀爬和走动，感知空间内物体的运动与空间的关系。这些新发现满足了孩子的好奇心，增强了孩子的空间想象能力。在安全的前提下，父母应该鼓励孩子去探索。

3. 2~3岁：孩子空间感发展进步最快的时期。

点评：右图中，开开的爸爸没有抱着开开走，而是拉着开开的手，让他自己体验岩石的高低空间。孩子2~3岁时，随着体力和智力等能力的加强，对于空间的好奇和探索也越来越五花八门，空间智能也随之提高。他们开始喜欢“冒险”的活动，比如从高的台阶往下跳；将自己藏在衣柜里；荡秋千；喜欢走不平的路；整个身体在草地上翻滚等。只要不危及人身安全，父母就应该放手让孩子去尝试。

4. 3~6岁：孩子从身体到脑力对空间概念有了全面认知。

点评：这个阶段，孩子已经不仅仅满足于用身体探索空间，而是逐步对抽象的空间概念有了全面的认知。从3岁开始掌握上下和内外方位、大小体积；4岁掌握高、远、近、顶部、旁边等方位；5岁掌握前面、中间和后面等方位，一直到6岁掌握左右以及相反等的方位概念——孩子在逐步完善二维和三维空间概念从具体到抽象的过程。

从以上孩子0～6岁的4个不同的空间敏感期的发展阶段，我们可以看到：孩子充满喜悦地，通过眼、手、脑、腿的协调配合，在空间敏感期反反复复地做着探索，这都是为了发展空间智能，其表现是多种多样的。孩子从用身体来具体感觉和感受物体位置的空间变化，一直到抽象的方位等空间概念的发展，都在不断地探索和不断地自我开发，最终在不断地扩大对空间的感知中探索出了一个立体的世界。

二、如何培养孩子的空间智能

我们本身就处在空间当中。所以，日常生活中的一切活动以及亲子游戏都是父母可以用来让孩子感知和认知空间的好机会，以此培养他的空间智能。

1. 为孩子创造家庭开放性环境并提供丰富的材料。

点评：右图中，开开正在通过动作探索空间，这是孩子早期的空间探索行为。父母在安全范围内，为孩子创造开放性的环境并提供丰富的资料，让他自由行走和玩耍，支持他通过走、扔、看、摸、听、闻等来认识物体与空间的关系。探索的机会越多，孩子对自身、物体与空间的关系就越能产生正确的意识。

2. 引导孩子探索事物的特征与空间的关系。

点评：父母通过引导孩子感知和探究事物的特征，比如大小、软硬、圆或方等各种形状，通过扔投掷、滚动、转圈、停下等，帮助孩子体验并观察该物体的特征与其在空间运动时的关系。

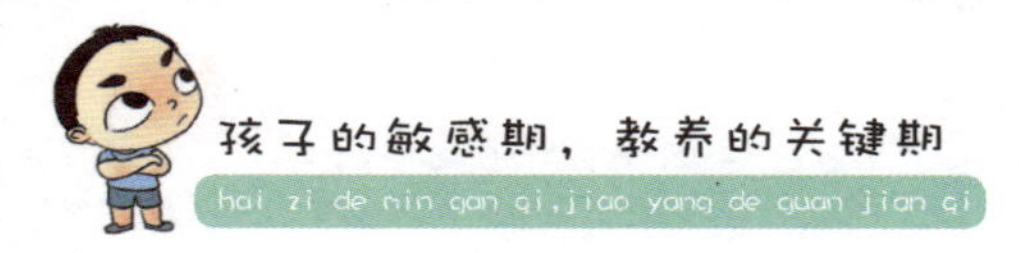

3. 鼓励孩子积极参与家务。

点评：孩子是非常乐意参与家务事的，所以父母要多给他机会。比如帮妈妈将扫把放在厨房的门后；从鞋架上为爸爸拿双拖鞋；将自己的衣服放到小橱柜里等。这样的练习，不但能帮助孩子建立空间方位感，还能锻炼他独立生活的能力。

4. 带孩子探索大自然的奥秘，满足孩子的空间好奇心。

点评：大自然是非常棒的培养孩子空间智能的天然场所。无论是小鱼在河中游动、鸟儿在天空飞翔，还是树叶漫天飞舞、牛羊在田间撒欢儿，父母都应该鼓励孩子多观察各种物体与空间的关系，让孩子在大自然中体会奇妙的空间变化。

5. 在日常的户外活动中培养孩子的空间智能。

点评：记路能力也属于空间智能的一种。所以，爸爸妈妈不但要鼓励孩子在户外通过奔跑、跳跃等来感知空间，更要多创造一些机会训练孩子的空间方向感。比如在户外公园玩滑梯的时候，可以告诉孩子如何爬上滑梯，然后再如何溜下来；走到公路岔口的时候，告诉孩子往右走是什么地方，往左走是什么地方等。这些简单易行的方向感的辨认，可以让孩子比较容易地掌握方位。

6. 用适当的方式与孩子交流，帮助其建立自信心。

点评：为了让孩子在探索的过程中获得成就感并建立自信心，父母应该关注并保护好孩子的兴趣和好奇心；用适当的方式与孩子沟通与交流，鼓励他表达空间探索的过程和结果，并简单帮助他总结分析结果；分享孩子在探索过程中得到的快乐。

最后的总结：

孩子从出生那天起，就逐步开始了对空间的探索和自我的建立。在经历空间敏感期的这个过程中，孩子会做一些在成年人看起来毫无意义，甚至是令人抓狂的破坏行为，并反复实践。其实，孩子正是通过听、看、走、跳、扔和触摸等简单的动作来了解物体与空间的关系的，从而建立二维和三维的空间概念。

所以，在保证安全的前提下，父母应该理解和认同孩子，放手让他自己去尝试、去体验、去感受这个世界带给他的奇妙感受，包括成功和失败。作为父母，你可以在身边保护，但不要包办代替；你可以参与其中，但不要从成人的角度去随意论断；你可以规定原则，但也要给予孩子自由探索的空间。

如果不分青红皂白地横加阻拦，那么父母阻碍的不仅是孩子对空间的探索，更是孩子对自我的认知和肯定，导致他从此对探索不再有兴趣，甚至变得越来越胆小。这不仅不利于孩子自信的建立，也让孩子失去了许多突破极限的机会。有些孩子的问题，比如多动、焦虑或者自闭，很多时候就是他们的探索行为严重受阻导致的。

开开不停地扔东西，是“小儿多动症”吗？

我现在已经1岁半了。嘻嘻，自从会爬了，我每天都会听到妈妈在我耳边大呼小叫，不准我做这个，也不准我做那个……

你们知道我都做了些什么事情让妈妈如此抓狂吗？

我六个月大的时候，就开始在家里到处爬啦！结果……
痛痛!!
哇~~~
砰
不准再爬了！

为什么不准我再爬？
我还是要爬，好玩！
开开！！危险！！
不要再爬了！！

这个缝缝好好玩。
小心！
不要夹着头了！

哈哈哈，
真好玩！
打开！
盖上！
打开！
盖上！

这有个洞洞好奇怪，我把手指头塞进去看看。
对了，试试我的那些小玩具能不能塞进去。

这个游戏也很好玩，把几个脸盆叠在一起，再分开……

开开，你的手脚是一刻也没有停过呀，你能不能安静一会儿？

我好喜欢扔玩具，从高往低扔，由近扔到远……看着玩具飞落的感觉好过瘾！
开开，你就会搞破坏，玩具都被你摔烂了！
终于有一天，我忽然发现了衣柜下面的抽屉，我居然可以打开啦！哇！这对我可是一个新奇的世界！最让妈妈抓狂的事情也终于发生了，要知道那些可都是妈妈心爱的衣服哦！你们猜猜我做了什么呢？
开开，你在做什么？天啊，你把我的衣服全部都搞乱搞脏了！！

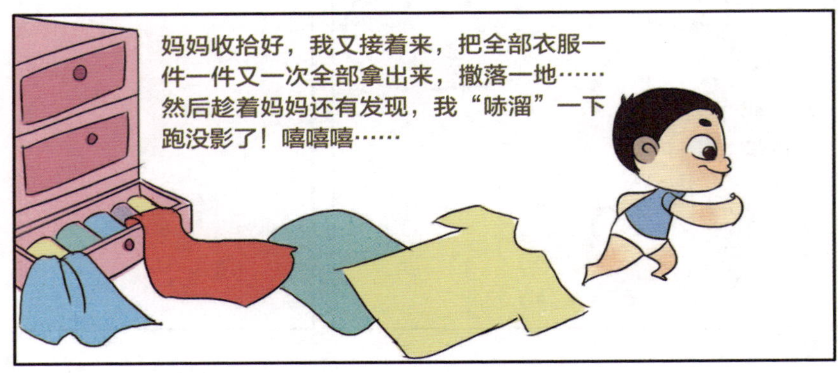
妈妈收拾好，我又接着来，把全部衣服一件一件又一次全部拿出来，撒落一地……然后趁着妈妈还有发现，我“哧溜”一下跑没影了！嘻嘻嘻……

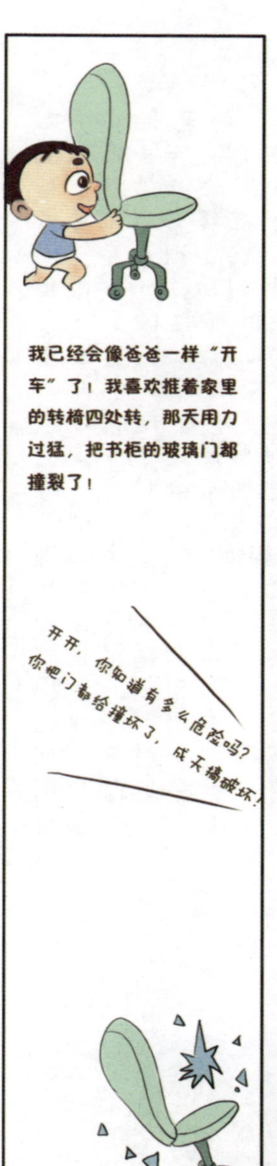
我已经会像爸爸一样“开车”了！我喜欢推着家里的转椅四处转，那天用力过猛，把书柜的玻璃门都撞裂了！
开开，你知道有多么危险吗？
你把门都给撞坏了，成天搞破坏！

你干吗坐在纸箱里啊？
我喜欢钻到桌子底下，或者坐到大纸箱里；有时候，还喜欢独自待在一个小空间里。

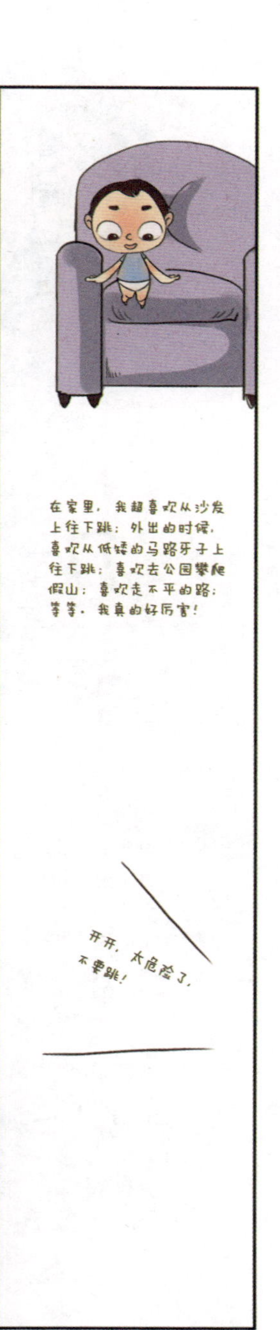
在家里，我超喜欢从沙发上往下跳；外出的时候，喜欢从低矮的马路牙子上往下跳；喜欢去公园攀爬假山；喜欢走不平的路；等等，我真的好厉害！
开开，太危险了，不要跳！

开妈的苦恼

上面的这些事情，都是我儿子做的，我的开开很聪明，但是也很淘气。自从开开会爬，他从沙发上都摔下过好几次了，还经常会把家里的东西翻得乱七八糟，推着家里的转椅冲到这边、冲到那边，我很担心他会伤着自己；他还在床上、沙发上爬上爬下，跳来跳去；连家里的那些角落他也不放过，全部去折腾一遍，有时还冲着我们眨眼睛，一脸坏笑。开开的这些“小毛病”几乎殃及家里所有的地方，每天都会给我们“惊喜”。下水道、门角、锁孔、喝酸奶时吸管的插孔……凡是有孔的小空间，宝宝都会研究一番。那天，开爸在卫生间洗手，发现洗手盆下面的角落里躺着几块小积木和一串钥匙！不用说，这又是开开的“创举”，我和开爸只能苦笑，开开的“壮举”真是数不胜数，快让家里人吃不消了！我们开开这么好动，不会有“小儿多动症”吧？

妈妈，你不要生气，卢老师说，我是一个可爱的小男孩，没有什么“多动症”。不信，咱们一起去问问卢老师！

卢欣老师说早教

一、开开为什么会有这样的表现

1. 开开是个非常活跃并充满好奇心和想象力的可爱孩子。

开开当然没问题，爸爸妈妈不用担心，遇到这样的情况，说明宝宝的空间敏感期到了。空间敏感期（0～6岁）是儿童所有敏感期里最有趣的一个敏感期。孩子好奇地看着周围的一切，不停歇地通过动来动去来感知空间的一切，有时候甚至是“恶作剧”般地体验着这个立体的世界。他们用自己的手脚、身体和周围相关的一切，自己开发各种有趣的、充满想象力和创造力的游戏。小宇宙充满了随时爆发的空间智能能量，从而帮助孩子形成正确的空间意识。这个对空间的感受过程，将帮助孩子建构从二维到三维的空间概念，培养孩子将来学习数学所需的几何能力。

2. 所有的孩子从出生开始，他的空间敏感期就逐步呈现了。

孩子首先要通过手脚的运动、爬行、行走、跳跃等逐步学会使用自己的身体，然后想尽办法超越自己的身体，探索这个奇妙的世界。儿童在空间敏感期对空间的探索，是自我创造和建构内在力量的一个过程，也是儿童突破身体极限的一个过程。所有的孩子在这个年龄段都有这样的需求和好奇心；而由这种需求和好奇心所产生的所有无拘无束的“创举”，将决定孩子未来对这个世界的探索能力。

3. 空间敏感期孩子的一些常见表现。

处在空间敏感期的孩子，有数不尽的“喜欢”和“调皮”：超级喜欢扔东西——从上往下扔、从近处往远处扔或者到处乱扔、捡起来又扔。

喜欢从上往下跳；喜欢推着带轮的椅子跑来跑去；喜欢攀爬；喜欢用小手去抠有洞眼的物体；喜欢走不平的路；还喜欢把物体垒高，一遍遍地推倒重垒。

喜欢钻到桌子底下，或者大纸箱子里；喜欢旋转木马，喜欢大人抱着他转圈；喜欢爬到沙发背上；还喜欢独自待在一个空间里……

他们通过抛掷、移动物体来探索空间；通过移动物体的位置和攀爬来感知空间；通过物体的运动探索空间。在空间敏感期中，孩子通过了解物品和空间之间的关系，建构他的空间概念。由此，他的空间智能便得到激发。

二、送给爸爸妈妈的锦囊妙计

锦囊1. 父母如何看待孩子的“捣蛋”行为?

（1）父母需要做的就是观察和信任孩子。

孩子在经历空间敏感期时，会特别喜爱一些大人看起来毫无意义甚至是搞破坏的、危险的和让人抓狂的行为，比如不停地扔东西、从沙发上跳上跳下等，并反复实验和实践。其实，父母不必大惊小怪，因为宝宝是在通过看、听、触摸这些简单的动作来了解物体和空间，宝宝所做的这些看似“危险”的动作，其实是在发明创造一些有趣好玩的游戏来满足自己对于空间的好奇和探索。所以，爸爸妈妈最需要做到的就是要保持充分的耐心哟！在保证宝宝安全的前提下，不要打扰宝宝，比如让他独自一人坐在纸箱子里安静冥思；或者他跳上跳下的时候，父母在一旁观察，确保安全，放手给宝宝自由，让他们自己去体会和了解这个有趣的大千世界。

（2）空间敏感期受阻造成的不良后果。

如果孩子在空间敏感期里受到了父母的严重阻拦，比如不让扔玩具、不让叠高沙发、坐垫等，孩子就会变得越来越胆小怕事，手脚越来越不协调，思维上也受到禁锢，甚至对探索都不再感兴趣了，也很难建立起对自身和外界世界的自信心，空间智能的爆发大大受阻。以后孩子要想再感受和学习空间知识，不仅要付出更多的心力和时间，成效也没有这个年龄段显著。而宝宝出现的一些问题，比如多动、

焦虑、自闭等，大都是他们的探索行动严重受阻、心理受到压抑所致。

所以，父母切忌对孩子过分保护或者没完没了地唠叨，我们的宝贝们正是在不断地探索和尝试中开发自我和开发空间智能的；也正是在一次又一次看似“无厘头”的“恶作剧”中，孩子的身心才获得了自由和解放，获得了信心和乐趣，从而在自我与空间之间构建良好的、具体的感知。

锦囊2. 亲子游戏的力量：用“游戏”来代替生硬的“不要”！

很多父母对着“闯祸”的孩子大呼小叫时通常最爱说的就是“不要”“不准”等否定词，以此来阻拦或责怪孩子。吼叫不起作用便打骂孩子，孩子因此哭闹并与父母对着干，家庭气氛由此变得非常紧张。

与其纠结和烦恼孩子的行为，父母不如和宝贝一起玩些轻松有趣的亲子游戏来帮助他发展空间智能，因为没有孩子是不喜欢游戏的。这不但满足了孩子在这个时期的好奇心，释放了孩子的能量，通过“寓教于乐”的方式规范了孩子的行为；同时也增强了孩子的自信心，激发了孩子的想象力和创造力；更重要的是增进了父母与孩子之间的关系，孩子玩得愉快，父母在真正理解了孩子的行为之后，也减少了很多教养方面的烦恼。

下面是几个有趣的、适合1～2岁孩子的亲子游戏，爸爸妈妈和孩子一起玩起来吧，让孩子在游戏中获得乐趣。

（1）让“玩具宝宝”回家睡觉。

目的：孩子扔玩具和瓶子等来满足他对空间的探索，结果家里满地都是孩子扔的东西。父母可以借此机会让孩子养成收拾东西的好习惯，而不是扔完之后，父母一边不停抱怨，一边给孩子收拾玩具。

玩法：可以为孩子准备一个大纸箱，然后告诉孩子：“哦，玩具玩累了，也要上床睡觉了，我们一起来让玩具宝宝回家睡觉吧。”然后，父母可以教孩子如何摆放玩具，还

可以和孩子比赛，看谁的动作快，让“玩具宝宝”快点上床睡觉。

（2）父母提供一些材料，也可以和孩子一起玩。

目的：为孩子提供一些可以抛掷的或是可以垒高的材料，来帮助孩子完成空间探索。

玩法：抛掷的材料可以是皮球、沙包、飞盘等；垒高的材料有积木、盒子等。让孩子在扔、接和垒高中，发展空间智能，这也同时满足了孩子在这个阶段喜欢扔东西的好奇心。

（3）叠叠乐：孩子可以单独玩，需要的时候，父母也可以与孩子一起玩。

目的：1岁左右，孩子开始具有重叠、形状、相对大小等空间的概念，妈妈要让孩子多多接触不同形状的物体来感知不同的空间大小。

玩法：可以提供一些纸盒、塑料和金属的瓶瓶罐罐作为宝宝的玩具。孩子将不同大小的、不同形状的、不同质地的物体搬来搬去，将大小不一样的东西叠放成一摞又分开，并乐此不疲地重复这个动作。在这个过程孩子一直在感受物体和空间的关系以及相对大小的概念。

这个游戏，孩子愿意单独玩的时候，父母就不要打扰他的专注力；当孩子希望父母陪伴的时候，父母可以与孩子一起玩。

（4）钻山洞。

目的：这个游戏既能锻炼孩子肢体的协调性和灵活性，又能提高孩子的空间感知能力，更会增进父母和孩子之间的感情，是非常有趣的亲子游戏。

玩法：在家里，父母可以将椅子、桌子摆好，然后让孩子进行钻、绕、爬等活动。父母还可以与孩子一起钻或者爬行，以增加活动的乐趣。

开开又把妈妈搭的积木推倒了，

他怎么成了“破坏君”啦？

好呀，好高呀！
我搭的积木好高啊！

哗啦！

哗啦

倒了！倒了！
真好玩！！

哇！我好厉害！
好高呀！

哗啦！
哗啦!!

我2岁半了，现在可以把积木搭得好高了，我要看看妈妈搭得有多高。

妈妈，过来，和我一起玩积木吧，你来帮我搭个高高的积木好吗？
好的，妈妈马上来！

开开，看妈妈给你露一手！

你这小捣蛋！把妈妈辛辛苦苦搭好的那么漂亮的大楼都给破坏掉了！

妈妈再来一次嘛，开开这次不弄坏了。
好吧，我再搭一个更高的给你。

开开，你怎么回事？你这个“破坏王”！妈妈不和你玩了！
这孩子怎么这么调皮，一点儿也不懂得珍惜妈妈的劳动付出。为什么总喜欢搞破坏呢？

卢欣老师说早教

一、开开真的是在搞“破坏”吗？

真实的原因是：开开2岁半，正好到了儿童空间概念进步最快的阶段！

1. “破坏”其实是一个学习的过程。

当你为孩子的这些“破坏”行为感到头痛，认为孩子顽皮甚至是不听话的时候，你是否想过这行为的背后恰恰是孩子对于空间的一种探索和学习呢？

“积木垒高”是一种非常棒的让孩子能够体验三维空间、发挥想象力的“经典玩法”，每个孩子都会喜欢，每个孩子在玩的过程中都能够体验到这种空间的奇妙。

2. 这种行为能给孩子带来乐趣和知识的积累。

孩子推倒积木，让妈妈再来一次，然后又一次推倒，这种反复的“恶作剧”让孩子着迷，其原因就在于：孩子每一次都感受到了不断垒高的积木在倒塌的时候，一次比一次飞得远；同时，他的力气越大，积木就

倒得越快，飞得更远。这真的是乐趣无穷啊！

就在反反复复的“手推”这个单调的动作中，孩子从上到下，从近到远，从轻到重，从不同的角度来体验有趣的物体在他的“手力”的作用下在空间中变化的不同形态。

3. 专注力的培养和自信心的增强。

还在为孩子做事不够专注而烦恼吗？其实，这些生活中孩子喜欢的、自制的空间敏感期游戏，就是最好的专注力培养方法之一。

孩子通过扔积木，观察到了采用不同的力度会导致不同的结果，于是孩子反复试验和证明自己的想法。这个过程不但给了孩子探索空间的机会，还让孩子多了一份专注观察的能力，以及自信的良好心态。

二、父母积极地参与到孩子的游戏中，提升孩子的想象力和创造力

当我们了解到，孩子这个“自制游戏”的行为背后隐藏着如此强烈的自主学习和空间智能的表现，作为父母的我们应该感到欣慰，同时积极参与到与孩子的游戏中来。以下是几个有趣的、适合2~4岁孩子的亲子游戏。通过游戏，父母不但可以更加理解孩子，还能够增进父母与孩子之间的亲密关系。

1. 一起“破坏”堆叠好的积木。

目的：观察力和专注力的培养。

玩法：作为父母，真的要有一颗童心，让自己和孩子一样充满好奇心，让脑洞大开。鼓励孩子从不同

角度推倒垒高的积木，比如可以从下方推，然后让孩子比较一下与从上方推倒有什么不同；用左手推，用右手推，双手一起推，然后再问孩子的感受；亲自与孩子一起推倒垒高的积木，再看看又有什么变化。

还可以换不同的材质来玩这个“建高楼”的游戏，比如枕头、被子、靠垫、塑料碗等，让孩子看看它们倒下时的形状、倒下的速度、距离以及发出的声响又有什么不同。

玩的时候，父母随着孩子的欢呼声一起欢呼，随着孩子一起拍手……在这样“寓教于乐”的欢乐气氛中，孩子释放了能量，好奇心得到了满足，父母还需要担心孩子会有什么心理方面的问题吗？

和孩子一起疯狂吧，在孩子充满想象力和创造力的这个时期，让这种“破坏”的动力来得更猛烈一些吧！

2. 在游戏中学习空间位置的说法。

目的：帮助孩子通过寓教于乐的方式学习关于空间位置的词汇是十分有趣的事情。学龄前儿童学习空间智能，对入学后听懂老师的要求、语言表达、阅读和数学等都有很大帮助。当你的孩子理解了空间的概念，例如里面、上下、前后、顶部和底部，他就可以提出疑问，清晰地表达他自己的想法。

玩法：（1）生活中，和孩子谈到空间名词时，父母给他的指示要非常明确和详细。当你要求孩子去拿他的鞋子时，你要明确告诉孩子“鞋子在床底下”；当你让孩子帮你拿一个纸盒子时，你要明确地告诉他“在小凳子的上面”；等等。

（2）让孩子描述他身体各部分的位置：“我的鼻子在脸的中间，我的嘴巴在脸的下面”等，说的时候，父母可以让孩子指着自己的脸部五官来说，还可以加快速度来让孩子指出自己的五官位置，让孩子在父母逗趣的声音中感到愉悦，从而学习到了如何形容自己的五官位置。

帮助孩子学会理解自己的身体和外界环境的联系，引导孩子根据不同的指示移动身体，如站立、蹲下、前进、后退、向左转、向右转和转圈等。

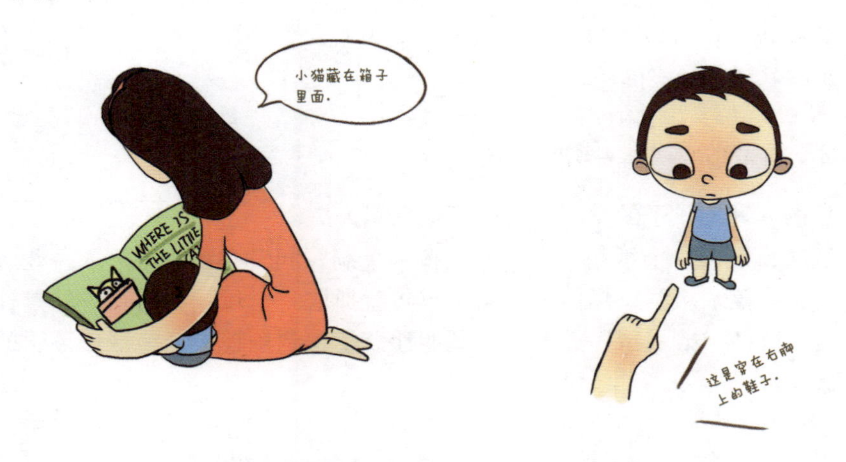

（3）和孩子一起阅读绘本的时候，详细告诉孩子有关方位的名词，比如“小猫藏在箱子的里面”“小鸟飞到了天上”“狐狸躲到了大树的后面”等。

（4）给孩子穿衣服的时候，可以告诉孩子“这是穿在右脚的鞋子”“把你的左胳膊穿在左边的衣服袖子里”等。

3. 和孩子一起玩“藏猫猫”的游戏。

目的：培养孩子的空间感，让生活变得丰富多彩，增强亲子关系。

玩法：孩子到了两岁左右，特别喜欢和爸爸妈妈玩藏猫猫的游戏。他常常把自己藏在桌子底下、门后面甚至是大衣柜里，然后让爸爸妈妈来寻找。

孩子之所以喜欢藏猫猫，不仅因为藏猫猫是一种游戏，更多的是因为在游戏当中，孩子通过各种藏身的动作以及可供藏身的地方，体验到事物之间的空间关系，这让他们感到很有趣。

爸爸妈妈也可以与孩子互换角色，大人躲起来，让孩子来寻找，这也同样能培养孩子的空间感。

4. 百宝箱的“猜一猜”游戏。

目的：锻炼孩子的空间能力以及触觉能力。

玩法：准备一个纸箱，在纸箱上掏一个洞，同时在纸箱里放入一些玩具。然后让孩子从洞口那伸手到箱子里随意抓取一个玩具，并猜一猜是什么玩具。这种“猜一猜”的游戏，既能让孩子得到乐趣，又能锻炼孩子的空间感。

5. 户外活动。

目的：加强孩子的空间感知能力，同时提高孩子与人交往的能力。

玩法：带孩子到公园、郊外玩耍或者去马路上散步，碰到岔路口时，告诉孩子“向左”或者“向右”、“向前”或者“向后”；溜滑梯时，告诉孩子走到后面、爬上去、溜下来等。这些简单易行的有趣方法，孩子会非常喜欢，对孩子方向感的训练也非常有帮助。

秩序敏感期（0~4岁）
良好生活习惯养成的最关键时期

秩序敏感期是0～4岁的孩子“建立规矩”的黄金时期。这个阶段，孩子对事物的秩序有着强烈的需求和热爱，并逐步发展和获得对物体摆放的空间、生活起居、习惯的养成等的适应性，即秩序感。

幼儿对秩序的敏感是生命的一种需要，这将影响其终生的生活和学习习惯。秩序感的表现形态有安全感、归属感、时空感、格局感和规则意识等。

什么是秩序敏感期？

孩子为什么任性、乱发脾气？为什么一个人一生中最重要的生活和学习习惯的养成，与儿童时期的“秩序敏感期”息息相关呢？自由与规则对孩子有多重要呢？请大家一起来好好感受一下“金不换”的儿童秩序敏感期吧！

时常会听到不少父母抱怨自己的孩子在小学或者中学，甚至上大学的时候都不懂得如何收拾自己的物品，也不懂得如何安排和有效地利用时间，生活和学习习惯一塌糊涂。但是大人们万万没有想到，孩子的这些坏习惯与儿童“秩序敏感期”有关。

那么，什么是“秩序敏感期”呢？简单来说，就是0～4岁的儿童秩序感形成的敏感期，是规矩建立的黄金时期，也被称为“金不换”的秩序敏感期。

秩序感是儿童生命的一种需要，当它得到满足时，就会产生一种自然的快乐，这种快乐意味着幼儿对自己环境里的所有细节都能支配；如果秩序被破坏，孩子就会变得不安，乱发脾气，这不利于儿童的心理健康，进而影响其正常人格的形成。同时，秩序感还会帮助儿童进行初步的思考和逻辑因果的推演。在这一阶段，孩子如果能够获得良好的秩序感，在之后的运算阶段就能顺利地形成对比、分类、序列等具体的思维形式。

秩序感将影响一个人终生的生活、学习的习惯和品质。如果儿童在0～4岁这个阶段形成了良好的秩序感，那么孩子上了小学、中学以及大学之后，一直到参加工作，孩子都会安排好自己的时间，做事有条理并能抓住工作的重点，能安排好自己的生活，比如上学的时候会收拾好自己的书包，不会丢三落四等，这种能力将成为他一生的优良品质。

既然秩序敏感期如此重要，那么父母如何真正理解孩子在这一特殊时期的行为特点，同时抓住这一有利时期帮助孩子建立良好的规则意识呢？下面我们从两大方面来具体谈谈，父母如何做才不会错过儿童黄金般珍贵的秩序敏感期。

一、0~4岁幼儿在秩序敏感期阶段的主要表现

孩子会因为秩序产生自然的快乐，也会因为秩序错乱而乱发脾气。而孩子在这一特殊时期发脾气，往往让父母丈二和尚摸不着头脑，错以为孩子是任性。面对孩子的任性，很多父母通常是束手无策，甚至会对孩子发脾气。要想解决这些问题，父母首先应该了解孩子在“秩序敏感期”的主要表现，这有助于理解孩子任性、哭闹和乱发脾气的根本原因，从而与孩子友好相处，帮助孩子建立良好的秩序感。

那么，处于秩序敏感期的孩子究竟会对哪些事物的改变非常敏感呢？

1. 处于秩序敏感期的孩子对于“顺序”有着强烈的要求，一旦他们所熟悉的做事顺序被打乱，他们就会感到不安。

点评：开爸回到家，忘了换拖鞋。开开要求爸爸立即穿拖鞋，完成了这个步骤，爸爸才可以做其他的事情。

点评： 开爸惹怒开开了，因为平时上楼梯的时候，都是开开走在爸爸的前面。现在开爸违反了开开内心深处自然形成的“规定”，所以开爸必须退回去，重新来一遍，让开开先上，才符合开开做事的“顺序逻辑”。

2. 处于“秩序敏感期”的孩子对于“位置”有着强烈的要求，一旦他们所熟悉的“位置”被打乱，他们就会感到不安。

点评： 开爸和开妈邀请他们的朋友来家里做客吃饭。开开由于习惯了吃饭的时候是爸爸和妈妈坐在一起，所以当看到两位客人坐在爸爸妈妈的中间时，他感到了不愉快，于是让妈妈像往常一样坐回到爸爸的身边，他才肯吃饭。

点评：平时，开妈和开爸的毛巾都是挂在上面一排的架子上，开开的毛巾则挂在下面的架子上，这样方便孩子自己拿毛巾洗脸和擦手。妈妈今天不小心将自己的毛巾放在了下面的架子上，与开开的毛巾摆放在了一起，这让开开感到了疑惑，所以他执意要求妈妈将她自己的毛巾放回到原来的位置上。

3. 处于秩序敏感期的孩子对于“所有物”有着强烈的要求，一旦他们认定的“所有物”被他人拿走，他们就会感到不安。

点评：屋里有点冷，开妈随手将放在沙发上的开爸的外套直接披在了自己的身上。开开看到了，他要妈妈还给爸爸，因为这件衣服是爸爸的，应该穿在爸爸的身上，而不是随便乱穿。

点评：开开认得自己家的箱子，所以当爸爸的朋友要帮他们拿这个箱子的时候，开开不乐意了，因为其他人不能乱动自家的东西，这些东西都有各自的“归属”。

4．处于秩序敏感期的孩子对于“习惯”有着强烈的要求，一旦他们的习惯被打破的话，他们就会感到不安。

点评：开开习惯了妈妈每天为他冲牛奶，所以当爸爸为他冲牛奶的时候，他就不高兴了。直到爸爸把这瓶牛奶倒掉了，妈妈重新冲过，他才破涕为笑。

点评：开开已经习惯了妈妈在他很小的时候就告诉他的关于“绿灯行，红灯停”的过马路规则，同时他也能遵守这一规则。所以当开爸要违反这一规则的时候，他会坚决阻拦。

5．处于秩序敏感期的孩子对于与大人之间的“约定”有着强烈的要求，包括约定好的时间和事务等，一旦大人失约，他们就会感到不安。

点评：开爸答应下了班回到家后，就陪开开玩游戏。但是他有事要做，就把这件事情忘了。可开开没有忘记，于是他就提醒爸爸事先约定好的、要做的事情。成年人不要随意给孩子许诺，一旦答应了，就会成为和孩子之间的一种约定，家长应该去兑现这一约定。

6．处于秩序敏感期的孩子对于“场所”有着强烈的要求，当他所处的空间环境改变的时候，他们就会感到不安。

点评：开开从来没有去过早教中心。当妈妈第一次带着他来到这里的时候，开开对这个新环境感到很陌生，因为和他平时所处的环境完全不一样，所以他想离开。

在儿童的秩序敏感期阶段，父母通常会遇到这些情况：孩子突然“无理取闹”，哭喊着“不是这样”“应该那样”；或者孩子突然变成家里的“小管家”，忙碌并严格地维持家里物品的顺序和做事的程序，比如椅子一定要放回原来的地方，爸爸妈妈睡觉的位置不能更换，出门要按照常规的路线，穿衣吃饭和玩耍都有指定的程序等。

父母遇到这些情况的时候，就要停下来好好想一想原因：是不是新环境引起了孩子的不适；时间的更改是否导致做事的顺序与平时不一样了；是不是做某件事的程序与孩子平时所熟悉的不同了；家里的物品是否更换了地方或被换掉；父母出差了；没有经过孩子的同意就整理他的玩具和衣物了等。

如果孩子是因为这些秩序遭到破坏而哭闹，一旦秩序恢复了正常，他就会安静下来。为了维护“秩序”而说“不”且要求重来，这意味着孩子的自我意识开始萌芽，同时这些很明显的信号表明了孩子正处在秩序敏感期。

所以，0～4岁是孩子在秩序敏感期期间建构秩序的重要时期，会对顺序、所有物、习惯、场所、位置、约定、时间和空间都有很强烈的要求。当父母真正了解了孩子在秩序敏感期的常见现象，就能够理解为什么孩子在这一阶段“执着”“任性”“发脾气”了，也就能更好地和孩子相处了。

二、如何应对孩子的秩序敏感期并帮助他们建立规则

秩序敏感期也是孩子建立规则的黄金期现在一些父母强调“爱和自由”，却不能真正理解这个含义，以为“爱和自由”就是让孩子为所欲为，想干什么就干什么。于是，我们经常会在公共场所看到一些父母任由孩子脚踏公共设施、随意采摘公园的花朵，也时常会看到一些孩子在餐厅追逐打闹的时候，父母却在一旁置若罔闻……

事实上，规则与自由是密不可分的，而自由是有前提的，是建立在尊重自己、不伤害自己的生命，尊重他人、不干扰和伤害他人，以及爱护、保护环境的基础之上的。只有这样，孩子天生的秩序感才能够得到保护，同时也才能顺利构建自己的内在纪律，也就是把由成年人给予的他律转化成自律，并拥有自我约束、自我控制和管理，以及自信的能力。

那么，父母如何应对孩子的秩序敏感期，并充分利用好这段有利时机将规则与秩序有机结合，帮助孩子建立规则意识并使其认真遵守呢？

1．父母帮助孩子建立合理规则的方法。

（1）父母要有规则意识，以身作则。

①如果父母在日常生活中没有规矩，那么孩子也就很难懂得如何遵守规则。

②如果父母的生活有规律，那么，孩子也就很容易养成良好的生活习惯。

③如果父母是注重社交礼仪规则的人，那么孩子也就在潜移默化中受到良好的礼仪熏陶。

点评：当父母要求孩子遵守规则而自己却没有秩序感、没有规则意识、在家里乱摆乱放时，孩子又怎么可能达到父母的要求呢？因为他没有从父母的行为举止中理解规则的意义。所以，当孩子没有规矩，不懂得收拾东西，让父母感到困惑和头痛的时候，父母就应该深刻反思：你是否给了孩子一个平等自由、有合理规则的生活环境？

每天父母和孩子按时睡觉、起床、定时用餐，周末全家一起做运动或者外出活动，给孩子安排好规律的生活，父母也认真做到和孩子一起规律地生活，这就有助于孩子养成良好的作息习惯，建立安全感，确保孩子身体健康并遵守规则。

父母应该为孩子做出好榜样，不随地吐痰、吃饭不大声喧哗、不把脚放在桌子上、尊敬老人并使用礼貌用语等，这样孩子就会懂得如何尊重自己、他人和环境，更懂得感恩父母和爷爷奶奶等长辈的付出。

所以，家庭规则是所有家庭成员都应该遵守的，不是只约束孩子或者只约束大人，当然父母首先要以身作则，做孩子的好榜样，孩子也会自然习得并遵守这些规则。如果只约束孩子，大人可以为所欲为，那么孩子就无法理解规则的意义；如果只约束大人而放纵孩子，那么孩子就不会懂得尊重亲人，不会懂得珍惜生活，从而变得无礼、野蛮和自私。

（2）父母要让孩子懂得日常生活中的安全常识。

①孩子必须懂得生活中的安全常识并遵守安全规则，因为它是人身安全的保障。

②和孩子一起演练安全规则，是让孩子理解并遵守它的最佳方法。演练有四个步骤：

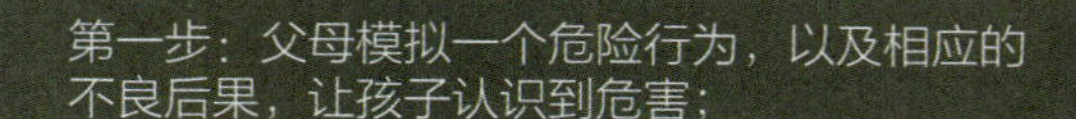
第一步：父母模拟一个危险行为，以及相应的不良后果，让孩子认识到危害；

第二步：父母在孩子面前示范正确的做法，让孩子明白如何规避危险并保护好自己；

第三步：父母让孩子自己来演示如何做，父母可以做适当的提醒；

第四步：父母要在日常生活中时常提醒孩子，并和孩子反复演练直到孩子养成良好的安全习惯为止。

（3）确保家庭环境的安全以及为孩子安排属于他自己的生活学习空间。

点评：安全常识犹如一道“防护栏”，它让孩子明白了做事的安全边界在哪里，比如远离药品、不能触电、防止烫伤等，有助于孩子在“秩序敏感期”期间建立良好的规则意识。为孩子安排属于他们自己的空间，孩子的生活用品和玩具都有固定的、安全的摆放位置，这不但满足了孩子对秩序感和安全感的需要，还有助于孩子规则意识的形成。

（4）尊重孩子作为一个独立个体的存在，培养孩子的独立性。

①理解并尊重孩子在秩序敏感期时期对秩序和规则的需要。

②给孩子独立解决问题的自由，这有助于规则内化。

点评：孩子虽然幼小，但却有着独立的思想，尤其在秩序敏感期期间，孩子对于秩序的理解和做法都有着自己独特的处理方式。所以，父母应该平等尊重孩子作为一个独立个体的存在，从孩子的角度去理解他们的感受并尊重他们的想法和做法，这对于孩子养成良好的秩序和建立规则意识都是非常重要的。

当孩子因为“秩序”被破坏而哭闹时，父母一定要耐心地倾听并帮助孩子找到解决问题的办法。如果孩子要求“重新来一遍”，只要没有不良行为便是合理的要求，父母就应该尽量满足，满足其对于事物固定秩序的追求。

当父母对孩子有合理的规则要求的时候，父母也要遵守，因为规则对所有人都是一样的，只有这样，孩子也才能真正懂得尊重人与人相处的规则，从而尊重他人。

父母要培养孩子的独立性和解决问题的能力，在安全的前提下，不要过多干涉孩子的行为，这有助于孩子建立良好的秩序感，并理解与他人相处的规则，同时有助于孩子在这个过程中将规则内化，成为一个自律的人。比如，当孩子玩玩具之后，给孩子时间让他收拾好再进行下一个活动；孩子玩耍时产生了矛盾，父母在给孩子做了良好的示范之后，要给孩子机会去自己解决问题。

所以，成年人，包括父母和老师，应该为孩子创造一个文明友善、整洁有序、宽松愉快、充满爱与自由的良好环境，让孩子时刻感受到并学会如何在“尊重自己、尊重他人和不破坏环境”的合理平等的规则下，在家庭和集体生活中与他人和谐愉快地相处。

“爱与自由，平等与规则”是不可分割的。没有规则的环境会让孩子变得无序、野蛮和霸道，只有让孩子学会遵守纪律并形成自律，才会为孩子打下与社会和他人和谐共存的基础。然而规则不仅仅是针对孩子的，必须要大家共同遵守，这样的规则才是平等的、有意义的，才有助于孩子养成良好的规则意识并健康成长。如果大人随心所欲不遵守规则，只是用规则来约束孩子，那么孩子就会像大人一样无视规则。

规则也要建立在给孩子自由空间的基础上才能真正发挥作用。如果不给孩子充分的自由，而一味设立规则，这反而不利于孩子对规则的理解和规则的建立。只有尊重孩子，给予他们选择的自由、活动时间和空间的自由，才能让孩子感受到规则是保护自己和他人安全的，而非约束，从而让孩子乐意并主动去自觉遵守规则，这样孩子才会由“他律”转换形成内在的“自律”，并自觉遵守和维护规则。

所以，给孩子的自由是有规则的自由，否则就是放纵；而拥有自由的规则才是真正让孩子自律的规则。那么，如何在家庭中把握给孩子自由的“度”而不至于让孩子走偏？父母要做的就是在“尊重自己、尊重他人、尊重环境”的三个前提下给孩子充分的自由去遵守规则，使到孩子真正获得身心的解放并健康成长。

2. 当孩子违反规则的时候，父母的解决方案。

（1）找出孩子违反规则的真实原因并对症下药。

点评：有的时候，孩子并非是真的违反规则，这个时候父母就要搞清楚事情的原因：是孩子无法表达清楚自己的想法，还是某些环境因素所致，还是因为病了、累了、饿了或者害怕？如果孩子并非有意违反规则，父母就应该多和孩子交流，在尊重孩子的原则上，帮助孩子解决问题。

（2）如果真的违反了事先制定好的规则，那么父母就要坚守原则。

点评：有时候孩子违反了规则，父母进行适度的惩罚是必要的，但前提是事先已经和孩子商量好并已经开始运行的规则和处罚。必要的惩罚能够让孩子知道什么是可以做的、什么是不可以做的，以及自己需要承担什么样的责任和后果，从而让孩子认识到规则的重要性。但是切忌打骂或者威胁孩子，而应通过温和而又坚定的方式来让孩子承受违反规则的后果。

在教育孩子的过程中，很多父母常常因为心疼孩子而无法坚守合理的规则，这将导致孩子规则意识的缺失，对孩子的成长极为不利。因此，父母本身是否能够坚持事先与孩子约定好的原则不动摇，这对父母本身也是一种意志力的考验。

最后的总结：

秩序敏感性是孩子成长过程中不以他们的意志为转移的阶段，是孩子天生的一种神奇的能力，秩序感是孩子的生命需要。如果孩子所处的环境阻碍了这种秩序敏感性的正常发展，孩子就会变得焦躁不安。因此，面对孩子在这一时期出现的种种看似不可理喻的行为，父母需要耐心观察孩子的行为表现，试着更多地去了解孩子行为背后的原因。如果孩子的需求是合理的，父母要接纳孩子的情绪，并尽量满足他们在秩序敏感期的“有序愿望”，顺应其秩序感发展的需要，理解并帮助孩子发展秩序感和建立规则。

为什么3岁前安全感的建立是人一生心理健康最重要的基石？

2岁多的开开从小就爱黏着我，尤其是最近我出差了一个月，等我回来他就更加黏着我了，不让我上班，下班也不让我做其他的事情，要我一直陪着他。我一走开他就哭，真的好烦，这是怎么回事呢？

卢欣老师说早教

时常会有3岁以下孩子的父母抱怨说："宝宝真的很烦，总黏着我，怎么办？"

那就请想想看：0～6岁，父母就是孩子的天，亲子依恋关系是孩子一生人际关系的根源，尤其0～3岁是成长的关键时期，父母要做的最重要的事就是要建立孩子的安全感，这如同孩子的生命一样重要，是孩子一生身心健康成长和幸福的最重要的基石！所以孩子这会儿黏着你，再正常不过了。等孩子上了幼儿园，就开始了人生的第一次"集体生活"，紧接着上小学、中学，进入青春期，孩子日渐有了自己的社交圈，到了那个时候，就算父母想牵着孩子的手，孩子有可能都不再愿意牵着你们的手了。所以为人父母，真的要好好珍惜宝宝黏着你们的这几年美好时光，因为你温暖大手的牵引给了孩子一生的安全感和幸福感。

但是，很多父母由于工作忙，往往忽略了孩子在这段特殊时期对于"安全感"的心理需要，等孩子出现了心理问题，并造成了不可逆转的伤害，而且这种伤害将伴随孩子一生的时候，父母才意识到问题的严重性，但却为时已晚。

现在我们具体谈一谈"安全感"缺失的恶果以及相关的解决方案。

一、父母不当的行为造成孩子“安全感”的缺失以及由此导致的恶果

1．父母工作忙，将孩子送给家里的老人带，几乎“缺席”孩子3岁之前的陪伴。

点评： 不少年轻父母认为0~3岁的婴幼儿只要吃饱穿暖就可以了，却不知道他们也有心理安全的需求；再加上工作压力大，或者嫌带孩子麻烦，孩子一生下来就扔给家里的老人或者保姆。结果由于老人溺爱孙辈而导致孩子养成很多的坏毛病；或者老人担心孩子的安全问题而阻拦孩子玩耍，造成孩子胆小、内向等。隔代育儿会导致孩子不懂得基本规则，由于安全感的缺失，导致孩子对周围环境不信任，难以与同伴交友。

2．环境和生活秩序等的突然变化，使儿童缺乏心理准备而感到害怕和恐惧

点评： 有的孩子一直由父母带着，但在孩子几个月大的时候，由于要上班，父母会突然带孩子到爷爷、外公家。孩子突然来到一个陌生的环境，没有准备，吓坏了。由于这些新的刺激是出乎他们意料并无法掌控的，于是孩子就会失去安全感。还有的孩子初上幼儿园，由于初次离开家和对父母的情感依恋，在面对不熟悉的环境和骤然改变的生活习惯时，孩子感到了不安全，就会产生焦虑。类似这种环境突变和生活秩序突然被打乱，孩子因没有任何心理准备而失去安全感的例子还有很多，比如频繁搬家、妈妈出差等。这个突变的时期，孩子通常会哭闹不止、晚上做梦、拒绝进食、不肯午睡、排斥他人照顾，甚至出现呕吐、排泄失控、生病等生理紊乱的现象。所以，孩子特别黏着父母、不让父母离开半步，有时候甚至以无理取闹来求得父母的关注等，都是安全感缺失的结果。

3．父母时常讲一些破坏孩子安全感的话。

点评：不少父母虽然重视孩子安全感的建立，但是却会在不知不觉中说一些破坏安全感的话，瞬间就摧毁了孩子好不容易建立起来的安全感。

当孩子调皮不听话的时候，比如不好好吃饭、不好好睡觉，或者在超市闹着买各种玩具等，父母常用的就是假装遗弃孩子的招数。父母往往觉得就是随便说说，吓唬一下孩子，也没什么大不了的，但对于认知能力有限的孩子来说，他却当真了。孩子会认为父母是真的不要他了，他最值得信赖的人都不要自己了，没有人再会保护他，这对孩子幼小心灵的伤害是很大的。孩子没有了安全感，将会影响孩子正常的心理发展。类似破坏安全感的话，还有“再不听话，我就揍你”“你是爸爸妈妈从大海边（垃圾桶）捡来的”等。孩子做错事就威胁孩子，或者不以生动简单的语言告诉孩子生命的起源，这些都将破坏孩子的安全感。

从以上父母容易犯的三点主要错误中，作为父母必须领悟的是：婴幼儿时期，孩子对父母的依恋会让他们的心理得到安全保障，他们在探索外部世界的时候，会有一种安全感做支持，也更容易建立与他人正常的人际关系。而依恋关系遭到破坏的孩子，通常会出现胆小、懦弱、敏感、自卑、多疑的性格，情绪不稳定，行为退缩，难以与人建立亲密关系。

二、送给爸爸妈妈的锦囊妙计

什么是安全感？所谓安全感就是人在社会生活中有种稳定的不害怕的感觉。安全感是一种感觉、一种心理，是来自一方的表现带给另一方的感觉，是让人可以预知、可以放心、可以舒心、可以依靠、可以相信的言行带来的。对于0～6岁的幼儿来说，父母就是他们获得安全感的唯一依靠。

3 岁前是孩子安全感建立的最重要时期，是整个儿童期心理健康发展的重要基础，将影响孩子的一生；这一时期孩子的需求不仅仅是吃喝拉撒这些生理需求，更多的还需要心理上的抚慰。安全感缺乏对婴幼儿的认知能力、情绪控制能力、人格以及同伴关系都会产生消极的影响。安全感缺失的孩子通常都会过分黏人、胆小、畏缩、严重焦虑、过分拘谨、不喜欢探索和尝试、对人不信任、缺乏自信心、情绪不稳定、环境适应力差、难以和他人建立良好的亲密关系等。那些成年后害怕做决定、胆小怕事、害怕承担责任的孩子，多半与婴幼儿时期未能获得足够的安全感有关；而建立起安全依恋关系的宝宝在长大之后，会比幼儿时期没有得到安全心理满足的孩子在独立性、社交、工作、学习、自信心和家庭生活等方面要成功得多。所以，当父母发现孩子因安全感缺失而有各种不良表现的时候，就要多方面注意并建立孩子的安全感，促进其心理健康的发展。

既然父母在孩子3岁前要做的最重要的事情就是建立孩子的安全感，那么，父母应该如何培养和保护孩子的安全感呢？

锦囊1．母亲温和稳定的情绪是最重要的因素。

婴儿从出生那天起，就特别需要被照顾、关爱并获得安全感。当婴儿哭、饿或身体不舒服的时候，妈妈是否及时出现将是孩子能否与这个世界建立安全感和信任感的基础，也是他们大脑能够正常发育的必要条件和可以自由探索外部环境的重要因素。如果这种安全感、稳定的感觉消失了，孩子就会以哭闹不安的各种方式来吸引母亲的注意力，长此以往，婴儿有可能会出现情绪上的问题，比如爱哭闹、喜欢纠缠大人、忧郁、脾气暴躁、注意力难以集中等，进而可能影响其一辈子的健康成长。所以，很多时候，婴儿的哭闹不一定就是身体不舒服，而是由于没有建立起与母亲及外部世界的安全感而导致的心理问题。

正是因为3岁前婴幼儿特别依恋母亲的这一心理特点，决定了其安全感的建立主要来源于与母亲的亲密关系。没有安全感的母亲，孩子也一定是没有安全感的。所以，对于3岁以下的孩子来说，让宝宝相信“妈妈爱我”是很重要的。妈妈应该意识到头三年的陪伴对孩子的一生意义重大：如果妈妈的情绪总是焦虑、没有安全感、爱抱怨、容易生气和烦躁等，这些不稳定的情绪就会让孩子感到恐慌，不知道到底发生了什么，让妈妈变得喜怒无常；这种不稳定的情绪会让孩子慢慢产生不安定的感觉，从而失

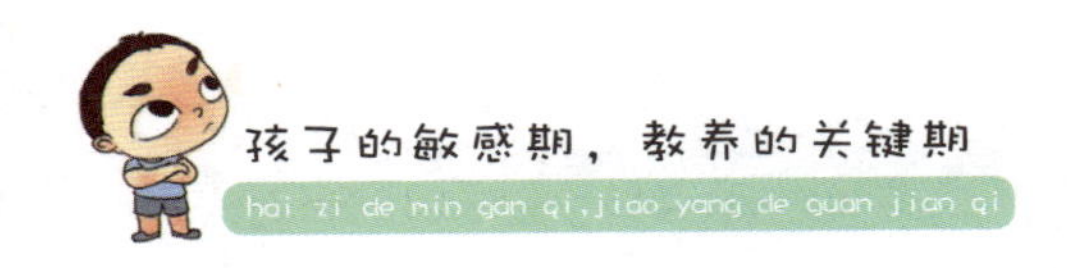

去安全感。有些事成人也许会不以为然，但对于0～3岁的小宝宝却可能是重大事件。父母应该了解孩子对于安全感的特别需求，别在无意中给孩子造成伤害。

点评：没有哪个做妈妈的能够永远保持温和的脾气。但是面对年幼的孩子，当你真的控制不了情绪，发了脾气之后，应该坦诚地告诉孩子自己发脾气是因为孩子的调皮还是做大人的心情不好而导致的。这样就能让孩子明白妈妈生气的原因。如果是因为孩子本身的原因，孩子会逐渐懂得什么不可以做，这样就有了安全边界；妈妈诚恳的道歉也会让孩子感受到一种真诚，这样内心的安全感就会建立起来。所以，当妈妈发了脾气之后，一定要补救，让孩子感受到一种可以掌控的安全感。

从以上的分析，我们就能够明白为什么婴幼儿总是来烦妈妈或者不肯与妈妈分离了。由于很多母亲在孩子需要的时候不够耐心，孩子的心理需求没有得到满足，久而久之，这种伤害就变成了孩子一种经常性的心理恐慌和不安全感，所以他就一直渴求并一定要去寻找到这样的安全感，直到得到为止。所以，作为母亲，在孩子需要你抱的时候，就抱抱他；在孩子需要和你说说话的时候，就和他聊聊天。不要高兴的时候可以什么都答应孩子，不高兴的时候就把孩子骂得狗血淋头，甚至打孩子。当自己心情真的不好的时候，一定要尽量先让自己的情绪稳定下来，然后再面对孩子，而不是将自己的不良情绪传递给孩子。只有这样，孩子才能够获得足够的安全感，对周围环境产生信任感，从而逐渐和母亲分离、和父亲分离，最终成为一个独立的个体。

锦囊2．爸爸妈妈良好稳定的关系很关键。

对于婴幼儿来说，爸爸妈妈就是他们的整个世界，因此爸爸妈妈的亲密关系以及相处方式对孩子安全感的建立是非常重要的。如果父母关系不好，或者看起来不够亲密，经常吵架和打架；或者父母关系不错，但是有冲突的时候，就会像吵架一样大声说话或用争吵的方式来解决问题；还有的父母根本没什么事情发生，但就是“大嗓门”，说话的表情和方式就像是在吵架；等等。这些激烈的行为不管是吵架还是正常的表达，在认知和分辨能力很有限的婴幼儿眼里都是吵架或打架，都是很可怕的事情，甚至就是世界大战。

点评：如果父母之间沟通或者在与孩子沟通的时候，说话的语气经常是命令式的、粗鲁的或者听上去像是在吵架，这些都会给孩子带来困惑，他们往往会觉得父母之间的冲突是因为自己的不好和不乖，从而产生一种内疚和不安。只有在温暖、和谐和互助的家庭氛围中成长的孩子，才会真正感受到亲人间的关爱和谦让；尤其是父母会控制自己的情绪、设身处地为彼此着想、巧妙解决家庭问题等，这些良好的行为都会潜移默化地给孩子正向的影响，让孩子感到温暖和安全。

所以，为了建立孩子的安全感，父母应该努力做到以下几点：

（1）提供充满爱心的、敏感的细心照顾。父母要善于识别婴儿发出的各种需求信号，及时满足他们的身心需要。拥抱孩子，与孩子谈话，逗孩子笑，让孩子有真实的、被爱的感受和愉快的生活经验。这种互动能使孩子顺利有效地与外界沟通互动，产生对父母角色的信任与依赖感，并将这种信任感推及其他人。只有从父母的真爱中，孩子才能获得爱的能力，然后他们才能学会爱自己、爱他人和爱这个世界。

（2）保证有比较固定的依恋对象。如果父母不带孩子，很难使孩子建立稳定和安全的依恋。但有时候妈妈总是会因为有事需要离开，所以一个家庭里最好有至少两个人能在妈妈确实有事需要暂时离开的时候担当母亲角色，这样能让孩子有心理上的顺利过渡而不会造成安全感的缺失。

（3）“积极回应”并不代表“立即满足”。有的父母担心事事顺着孩子会养成他任性的坏习惯，其实，正确做法应该是不要把“积极回应”理解为“立即满足”。当婴儿产生各种需求时，父母先用声音和肢体动作回应，让他意识到父母已经知道他的呼唤，让他在有希望的等待中忍耐几秒钟。这个时候，可以抱起婴儿，把奶瓶摇晃给他看，或者用其他物品逗引，跟他说简短的话语，如“宝贝饿了，该吃饭了，妈妈喂你”之类的话，然后再让他喝奶喝水。这种短暂几秒钟的忍耐和等待，并不损害婴儿的健康，相反，对他心理健康、智力发育以及交往潜能，都会有积极的促进作用。

锦囊3. 3岁前，父母不要和孩子分离。

什么对于婴幼儿来说是最宝贵的？最宝贵的是父母的时间，是父母肯用时间耐心陪伴孩子。不少父母由于工作忙、外出旅游或者怕麻烦等其他各种理由，将孩子交给爷爷奶奶或者外公外婆来带，心想反正孩子是自己的，等有空了去看看孩子或者等孩子上小学了再接回来教育。在这种环境中成长的孩子往往与父母的感情很淡，因为他们会觉得自己的家就是爷爷或者外公的家，认为爸爸妈妈不爱他们、不要他们了——父母都不爱他们了，还会有谁爱他们呢？所以，他们的内心往往是孤独和不安的，严重缺乏安全感。孩子与父母没有了感情，还谈什么教育？这就是为什么很多父母会抱怨孩子从老人那里回来后，不但养成了不少坏习惯，还与父母不亲近，比如拒绝让父母拥抱等。等这些孩子到了青春期，父母就更难与他们沟通了。

“一分耕耘，一分收获”，做父母的没有在孩子最需要爱和安全感的时候陪伴左右，那么也就不要责怪孩子疏远自己了。所以，千万不要再说那种“孩子还小，什么都不懂，是否与父母住在一起无所谓”等无知的话，更不要放弃对孩子的看护和陪伴。婴幼儿时期最好的教育就是父母耐心的陪伴，以及父母给予孩子无条件的爱、言传身教的引导。

点评：安全感犹如孩子的生命一样重要！孩子在头3年非常依赖父母的呵护，一旦突然与最亲密的母亲长时间分离（比如超过3天以上），就会感到很恐慌，因为婴幼儿是靠每天能看到妈妈陪伴在自己身边的这种关系来理解“妈妈是爱自己的”，这是一种心理上的情感需要。像上面这个案例中，2岁的开开与母亲分开了一个月，孩子每天都看不到妈妈，他就会认为是被妈妈抛弃了，这种失落感直接就会造成孩子安全感的缺失。

在婴幼儿时期没有与父母建立起安全的依恋关系的孩子，随着年龄的增长，将表现出胆怯退缩，没有足够的力量去信任他人，也很有可能其一生都将缺乏与他人建立深入而又亲密的人际关系的能力。而那些在婴幼儿时期与父母建立良好的安全依恋关系的孩子，到了3岁进入幼儿园之后，就比较容易与同龄孩子建立良好的社交关系，受到小伙伴的欢迎，更容易表现出自信和领导才能。

所以，安全感是一个人形成健康人格的基石。婴幼儿能否跟父母，尤其是母亲建立亲密的依恋关系，这关乎孩子一生安全感和幸福感的建立。而这种安全感的形成来自父母充满爱的陪伴、足够时间的陪伴和高品质的陪伴。没有足够的时间陪伴，亲子关系就没有足够的厚度。父母总希望自己的孩子自信、勇敢、有力量，但这个前提就是父母要给予孩子充分的安全感。

因此，孩子3岁前，父母千万不要弄丢了孩子的安全感，父母只有耐心地陪伴孩子，积极回应孩子的各种需求，比如饥饿、病痛、焦虑、生气、开心、好奇、欢笑等，这样才能培育出孩子健康的人格，使其与周围的世界建立信任和安全感。父母千万不要再说那种“孩子还小，不懂什么是爱，谁来带都一样”的不负责的话。父母的成功，就是有时间照顾自己的孩子，任何的成功都比不上养育一个身心健康的孩子。

锦囊4．上班或出差，和孩子正面告别。

一些父母上班或者要离开幼小的孩子去做一些事情的时候，害怕孩子“纠缠”，于是不告诉孩子去做什么，不和孩子正面告别就偷偷溜出门。父母以为这样就可以避开孩子的“纠缠”，却没有想到正是这种做法狠狠地伤害了孩子！由于孩子要面临父母的“突然失踪”，这会让孩子感到难过和困惑，心里感觉空落落的，孩子无法控制这一局面，从而失去了安全感。

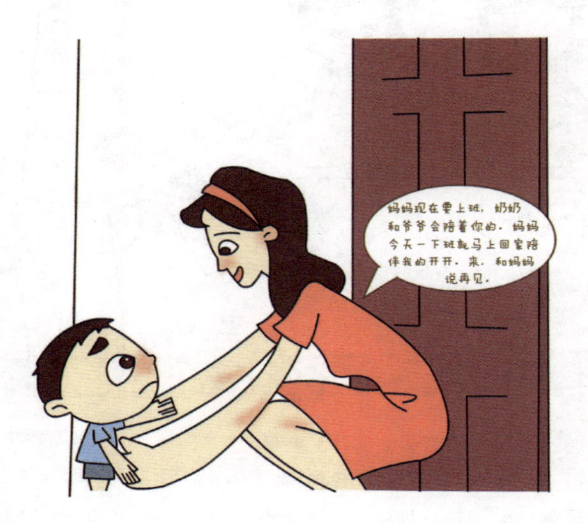

点评：父母上班或者出差，不得不将3岁前的孩子托付给家里的长辈照顾的时候，父母一定要正面和孩子告别，不要小看了和孩子说再见这样的一个细节，这在父母的眼里也许是件小事，但是对于孩子来说却是安全感的保证之一。同时，父母要告诉孩子什么时候回来，并说到做到，让孩子知道这一切是可控的，减少孩子的焦虑感。如果父母出差，每天应该给孩子打个电话；如果父母上班要晚点回家，也应该打个电话告诉孩子。久而久之，孩子就会知道父母无论到哪里都会爱着自己，都会回家陪伴自己，这样孩子就会感到安全和温暖。

锦囊5．不要早于3岁送孩子上幼儿园。

一些父母很忙，在孩子还不到3岁、甚至才1岁多的时候就将其送入“幼托班”。但是过早将孩子送到幼儿园对孩子的心灵会造成伤害，因为过早地脱离父母，不但无法培养孩子的独立性，还会破坏他们对周围环境的信任感，孩子会由于害怕而失去安全感。

点评：不到万不得已的时候，父母尽量不要将不到3岁的孩子送入幼儿园，因为孩子的心理还没有准备好和父母暂时分离，这会破坏孩子的安全感。如果确实没有办法，父母要将孩子送入幼儿园的话，也尽量保证孩子接近3岁的时候再送，并且在孩子上幼儿园之前，提前告诉孩子将开始好玩的集体生活，做好孩子的心理辅导，并保证父母有一方能够亲自接送孩子上幼儿园和回家，让孩子时刻感受到父母的爱和温暖，这将让刚上幼儿园的孩子不至于感到孤单和害怕。

锦囊6．良好的秩序感既是孩子生命的需要，也是安全感的需要。

婴幼儿安全感的表现之一就是他们需要一个稳定的、有规律的生活环境，一个可以预见的有秩序的世界。因为婴幼儿的生理和心理发展不完善，如果生活环境多变或者突然变化，比如频繁搬家、家里有过多或过于频繁的访客到来等，这些都会搅乱孩子平时有规律的生活作息，从而让认知能力有限的孩子感到不安。

点评：婴幼儿刚到一个不熟悉的环境中是会很害怕的。这个时候，妈妈应该事先告诉孩子要去一个与自己家里不同的地方。比如到了朋友家或者外公外婆家，妈妈应该抱着孩子在每个房间转一转，让孩子熟悉新环境，保护孩子的安全感，让孩子慢慢熟悉家里的其他人。

如果父母确实白天需要让家里的老人帮忙带孩子，那就必须事先让孩子知道并熟悉老人，等孩子与爷爷奶奶或者外公外婆熟悉了，妈妈可以暂时离开一小会儿，并告诉孩子要离开去做什么，同时承诺马上会回来。这样反复训练，等孩子熟悉老人之后，孩子对与要和父母短暂分别就不会太恐惧和焦虑了。作为父母，必须清楚的一点是：祖辈对孩子的“隔代亲”是无法替代爸爸妈妈的爱的。

所以，单纯而规律的生活环境和父母制定的合理的作息制度，比如物品摆放在固定的位置，又比如几点起床和吃饭等，这对于孩子安全感的建立是非常有利的。因为秩序是生命的需要，孩子的秩序感得到了满足，就会感觉安全和快乐，孩子也同时能养成良好的生活习惯，做事有条理，懂得收拾自己的物品等。另外，有规律的生活环境和固定的作息时间对孩子了解和执行规则、长大后适应社会都非常重要。

锦囊7．用游戏和故事建立亲密的亲子关系。

故事和游戏是父母与孩子之间最有趣也最容易建立良好亲子关系的沟通桥梁。当爸爸妈妈搂着孩子讲故事和做游戏的时候，通过语言上的沟通以及肢体上的接触，不但让孩子感受到无穷的乐趣，还给了孩子无尽的爱和安全感。

点评： 故事和游戏拉近了亲子间的距离。每个孩子都喜欢听故事和做游戏，父母每天都应该在固定的时间给孩子讲故事，并设计一些简单的游戏或手工，陪伴孩子一起玩。这些有趣的活动不但丰富了孩子的想象力和语言能力，也让亲子感情升温，沟通更加顺畅。这些通过故事和游戏所表达出来的父母的爱，在让孩子感受到了温暖的同时，也建立起孩子所需的安全感。

锦囊8．父母要找出孩子不安的感觉并予以解决。

婴幼儿没有安全感的时候，通常都会以哭闹的方式来吸引父母的注意力，希望得到父母的安慰和帮助。但是很多父母并不了解孩子发出的信号，认为孩子是在无理取闹，便斥责孩子，这无助于问题的解决，反而会让孩子感到更加不安。

当孩子出现状况的时候，父母要找出孩子哭闹不安的原因，然后“对症下药”。引起孩子不安的感觉有很多种，比如大自然的原因，像天黑、打雷、地震、闪电等；又比如突然的惊吓和过大的声音；孩子生病或被其他小朋友抢走玩具等；或者父母不打招呼便突然离开；父母只顾抱着朋友家的孩子；嘈杂的环境改变了孩子的作息习惯等。这些都会让孩子感到委屈和孤立无援，从而失去安全感。

点评：当孩子因害怕、委屈、焦虑、失落、紧张等而感到没有安全感，进而以哭闹来吸引父母的注意力，并寻求一些安慰的时候，父母应该理解孩子此刻的心情，不要由于孩子的哭闹而感到烦躁，然后去训斥孩子。

父母需要做的就是：允许孩子哭泣和害怕，并通过与孩子的沟通以及平时对孩子的观察，找出孩子哭泣和害怕的原因，同时帮助孩子解决问题。因为适当哭泣对于孩子来说是一种很好的宣泄方式，孩子躲在妈妈的怀里也是寻找安慰的一种方式，这些不受压抑的各种不同的情绪表达能帮助孩子发展情绪能力，并在父母的帮助下，提升孩子面对困惑和恐惧的能力，最终建立安全感。

父母给予孩子理解和爱是化解各种安全感缺失的“最佳良药”，而游戏与故事是让孩子理解各种状况的最佳方式。比如，如果孩子怕黑，父母可以在晚上的时候一边给孩子讲“白天与黑夜”的有趣故事，让孩子了解大自然的奇妙现象，一边陪孩子入睡，逐步消除孩子内心的恐惧感。又比如，有时候父母对朋友家的孩子表现出喜爱，这让自家孩子害怕父母会将爱给了其他孩子，感到不安，这时父母就要从自己身上找原因，多陪伴孩子，并用游戏和故事来消除与孩子之间的隔阂，建立孩子的安全感。

锦囊9. 陪伴但尊重孩子做事的独立性，培养孩子的自信心。

很多父母分不清“安全感”和“独立”的关系与区别。有的家长认为孩子的独立性要从“0岁”开始培养，导致孩子安全感的缺失。因为对于婴幼儿来讲，最重要的不是培养独立性，而是培养与父母之间的依恋关系和安全感。当孩子能够和父母，尤其是母亲建立安全、信赖的依恋关系，他就能相信这个世界是安全的，他才会拥有建立一生幸福的能力。而有的父母则走另外一个极端，认为安全感就是“寸步不离，有求必应”，溺爱孩子，最终导致孩子丧失了独立的人格。

其实，“安全感”与“独立”是不可分割的：孩子从出生那天起，首先需要的就是安全感，然后才是逐渐成为一个独立的人，这是一个心理逐渐成熟的过程。从妈妈那里得到一点儿安全感，孩子就会与母亲分离一点儿；更有安全感的话，再分离一点儿；安全感吸收得越多，孩子就越分离得顺利。所以，当孩子得到安全感的满足，他就会相信自己，他就能够勇敢地去面对困难，因为他内心深处有一种父母的爱永远在支撑着自己，无论遇到什么样的困难，父母在孩子幼小的时候就给予的安全感是孩子心灵的“避风港”。如果这个从安全到分离的过程做得不好的话，孩子永远不会懂得如何真正地走向独立。

但是，孩子的安全感并不等于父母什么都包办，而是应该在日常的陪伴中，让孩子逐渐学会主动自己做事，多尝试，自己做出选择。这些过程都会增强孩子的自信心和安全感。

点评：孩子的成长是一个过程，做任何事情都是从易到难。当年幼的孩子完全不会做任何事情的时候，父母要孩子自己去解决，孩子就体会不到妈妈的关爱和情感上的支持，没有了安全感，孩子是没有信心去克服困难的。所以，父母应该做的就是耐心陪伴孩子，教会孩子基本常识，但是不要过分干预和过度保护；在安全的前提下，不要打扰孩子，要给予孩子独立的空间让孩子去尝试不同的事物，逐步拥有解决问题的能力。如果过度保护孩子，就会让孩子失去了做事的自信心，同时做事注意力不集中，总想着有大人会帮助解决。

锦囊10．节假日孩子的生活习惯被打乱了，父母要积极应对。

一到逢年过节，由于家里的大人有很多的节假日活动，不少婴幼儿的作息习惯也就随之被打破了，孩子们的生活变得不规律、有家中老人宠着、大吃大喝、睡觉时间混乱、长时间看电视、长途旅游、在家里家外都玩疯了……这样一来，原有的规则和界限被打乱了，平时养成的好习惯瞬间就被一个假期搞坏了，假期结束后孩子很难适应突然安静下来的生活，很容易就出现失落、焦虑、烦躁、娇气、任性等问题，尤其是有些上了幼儿园的孩子会出现拒绝上幼儿园的情况。节前节后两种截然不同的生活，或者爸爸妈妈的陪伴没有在假期中那么多了，这些都使孩子不知道如何去面对和适应，所以就失去了安全感。

点评：从假期中高昂的情绪到节后的消沉，孩子和大人一样也出现了“假期综合征”。在这种情况下，父母应该理解并包容孩子，多倾听孩子，帮助孩子尽快恢复和适应正常的生活。

最好的方法就是：父母在假期结束之前，至少提前1～2天让孩子逐步恢复到节前正常的饮食和睡觉时间，减少看电视的时间。家里有上幼儿园的孩子，父母要开始和孩子一起谈谈幼儿园里有趣好玩的事情，告诉孩子幼儿园的小朋友和老师都在等着他呢，这样激发起孩子对幼儿园生活的期盼，让孩子尽早恢复正常的生活习惯。如果实在来不及提前调整孩子的作息时间，父母可以让孩子在家中多待两天，让孩子尽快恢复正常作息再送幼儿园也是可以的。当孩子被幼儿园的新鲜事物吸引，同时生活也变得规律了，假期的负面影响也就很快消失了。

最后的总结：

婴幼儿安全感的获得与父母的养育方式密不可分。那么，到底怎么给孩子安全感？很简单，就是无条件地、全身心地爱他们。孩子不需要贵的东西，他们只需要一样对父母来说很贵的东西——时间。就请父母蹲下身子去感受他们的小世界，张开双臂去拥抱孩子吧！用母亲的体温温暖孩子幼小的身体，用抚摸呵护孩子幼小的心灵。让我们成为孩子的大树，在这棵大树下，孩子将成为一个快乐、安全、自主、幽默的人格健全的人。只有这样，孩子才会长成真正的参天大树。我们给予了孩子最早的安全感，到我们年迈的时候，孩子就会回馈给我们真正的安全感。

关注细小事物敏感期（1.5~4岁）形成专注力和观察力的好时期

幼儿在1.5岁左右开始进入关注细小事物敏感期，并一直持续到4岁左右。在这一时期，孩子会对很多细微的东西，比如衣服上的小图案、地上的小石子、爬行的小蚂蚁等非常感兴趣，同时很喜欢花费时间来仔细观察和研究这些有趣的小玩意儿。

孩子在这一时期的观察力和专注力达到了一个很自然的高峰期，作为父母，应该鼓励并呵护孩子的这些自然能力，这对于孩子未来能够拥有在学习和工作上的专注力都将有很大的帮助。

什么是关注细小事物敏感期?

还在为孩子做事缺乏“专注力”而感到苦恼吗？其实，孩子天生就具备专注力这一难得的能力，只是父母忽略了，并有可能在不经意中破坏了孩子天生就具有的专注力。了解孩子关注细小事物的敏感期，有助于父母懂得如何呵护孩子的观察力和专注力。

时常会看到一些父母到处寻找“如何培养幼儿的专注力”的“良方”；还有的父母抱怨孩子上了小学之后仍然无法专注学习和做事。

孩子的专注力是培养出来的吗？其实，孩子天生就具有专注力，只是我们做父母的不了解孩子这一特殊能力而已。事实上，孩子的专注力不是训练出来的，孩子天生就具有这一能力，只要父母加以保护，当孩子在玩或者专注做事情的时候，不去打扰孩子，就是对孩子的专注力和观察力最大的呵护。

孩子在不同的敏感期都会呈现出良好的专注力，因为敏感期是他们对很多事物感兴趣的重要时期。在这里，我们主要谈一谈在“关注细小事物敏感期”期间，幼儿具备怎样的观察力和专注力。

那么，什么是“关注细小事物敏感期”？很多孩子在1.5岁左右的时候，突然会对非常细小的事物感兴趣，比如喜欢仔细观察衣服上的小图案和掉落在地上的树叶或花瓣、仔细观察地上的小蚂蚁和小石子等，越是细小的东西，就关注得越多。他们不但观察，还喜欢收藏，同时还会向父母提出很多可爱的问题。这一行为会持续到幼儿4岁左右结束，在这个特殊阶段，孩子的观察力和专注力达到了一个高峰期，父母需要做的就是不要以成年人的眼光对孩子的这些兴趣不屑一顾，而应鼓励并保护他们的观察力和专注力。

既然孩子在这个时期有这么神奇的能力，孩子的具体表现是怎样的？父母应该如何保护孩子天生的专注力，让孩子能够自由快乐地成长呢？下面我们就从两方面来分析这些问题。

一、孩子在这一特殊时期的主要表现

1. 对幼小的动物很感兴趣。

点评：孩子怎么能够看得够呢？小小七星瓢虫身上那迷人的色彩着实吸引开开，他也许正在研究小虫子在树叶上做些什么呢！往往大人觉得不起眼的事情，可在孩子的眼里却是乐趣无穷啊！

2. 对小小的植物很感兴趣。

点评：对于孩子来说，只要是他喜欢观察的各种小玩意儿，就都是他眼里的美好风景。父母要做的就是支持和鼓励，并且在孩子专注地观察事物时不要打扰孩子。

3. 非常喜欢收集小豆子、小米粒等细小的食物。

点评：幼儿喜欢观察和收集这些微小的食品，可以让幼儿把收集好的食品分类放入瓶中，这不但可以促进孩子的视觉和触觉的发展，在将细小的食品放入瓶中的时候，还锻炼了孩子做事的细心和耐心。

4. 非常喜欢观察和玩耍小线头和头发丝等。

点评： 这些在成年人看来要丢掉的垃圾，在幼儿的眼里却是如此珍贵和有趣。

在“关注细小事物敏感期”阶段，每个孩子都会有这段特殊的经历：无论是在室内还是在户外，越是微小的东西就越能引起他们的兴趣。各式各样微小的东西，在孩子的眼里都是无比神奇和充满无限乐趣的，这满足了孩子的好奇心，对其健康心理的发展有积极的促进作用。对于幼儿来说，这也是观察力和专注力形成的一个重要时期，父母只有了解了孩子的这些具体表现，仔细观察和理解孩子，不打扰和破坏孩子的兴趣，才能有效地保护孩子的专注力。

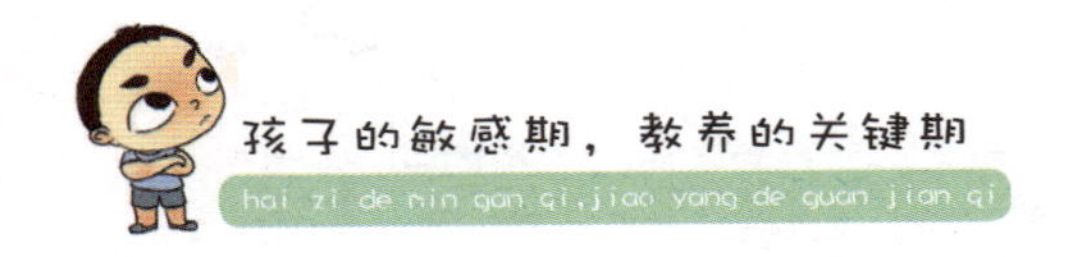

二、父母应该怎样做，孩子才能愉快地度过这个敏感期呢

1. 不要随便打断孩子的观察兴趣和工作。

点评：在不少父母看来，孩子观察细小的事物简直就是浪费时间，无聊而没有意义；但对于幼儿来讲，观察细小的东西是一件值得他充满热情和聚精会神去做的“严肃工作”，孩子在观察有兴趣的事情时，会非常专注。父母这个时候就应该保持良好心态，不要因为觉得脏或者孩子没做正经事，就直接打扰、阻拦、训斥、威吓孩子，这将破坏孩子的好奇心和专注力。当孩子的正常需求得不到满足时，他的内心会受到极大的伤害。所以，当孩子在“认真工作”的时候，父母就应该给予孩子时间和自由，支持孩子观察和独立思考，不要破坏孩子自我认知这个世界的过程，同时这也是在呵护孩子专注的品质。

关于不打扰孩子，有一种特殊情况例外，就是日常生活中已经制定好的需要孩子遵守的简单规则，比如吃饭、睡觉、上幼儿园等，需要控制好时间，让孩子养成固定的好习惯。如果因为要保护孩子的专注力而打乱孩子的生活作息习惯就不好了。在这种情况下，要事先提醒孩子时间快到了，告诉他应该遵守的生活规则。事先通知孩子也是对孩子人格的一种尊重，让孩子明白规则与自由之间的关系。

2. 为孩子创设良好而又安全的观察环境。

点评： 大自然中有很多城里的孩子在公园或者家里看不到的奇花异草、各式各样的小昆虫、溪水里畅游的小鱼儿和小蝌蚪，以及清新的空气和阳光雨露。孩子在大自然的环境中能够看到更多细小的事物，所以大自然是孩子关注细小事物的最佳场所。去大自然观赏细小东西的时候，父母可以给孩子准备一个玻璃容器，满足孩子将小蚂蚁或者七星瓢虫等小昆虫放在瓶中观察的愿望，但是让孩子注意安全的同时也要告诉孩子爱护小动物，不要用手掐死或者用脚踩死小生物，因为它们都是有生命的，要让孩子珍惜生命。另外，父母还需注意孩子不要被草丛中的虫子咬到或者被锋利的草尖伤害到眼睛等，一些必要的安全防护穿着和措施是需要的。

点评：平时在家里的时候，妈妈可以为孩子准备一些没有任何危险性的小线头、小纸屑、头发丝、用布做成的各种图案等，供孩子观察和玩耍。但是应该注意的是：父母在满足孩子观察和收集细小东西的心理需求时，也要保证孩子的安全和身体健康。有些细小的东西是很危险的，不能让幼儿碰触到，比如：各种药丸、衣服里的干燥剂、樟脑丸、蟑螂药、小图钉、订书钉等，都要收好放在孩子看不到和够不到的地方；保证玩具上的细小配件不要脱落，以免孩子误吞下去。

点评：当父母和孩子一起在大自然中观察细小东西的时候，父母可以为孩子准备一个放大镜，这样孩子就能更加清晰地仔细观察自己想看的各种微小的东西，比如石子、水珠、小虫和小植物等，同时也增添了观察的乐趣。通过观察，孩子将会发现大自然的奇妙，那些常被我们忽略的细小生命在一个精彩的大世界里顽强地生活着，大和小是那么和谐与有趣。当孩子沉醉在美好事物中的时候，他的观察力和专注力也不知不觉地得到了提高。

3. 不要以大人的喜恶来强制培养孩子的观察力和专注力。

点评：有些父母急功近利，在看到孩子喜欢细小事物之后，去任何一个地方，包括公园、大自然、上街等都会给孩子派发任务，要求孩子一定要认识些什么。有的父母干脆就拿一些小东西直接放到孩子的面前，强迫孩子观察和专注。这些做法会破坏孩子天生观察事物的兴趣，也打破了孩子体验大自然和生活的乐趣。所以，父母不要人为地干涉孩子的观察兴趣，而是应该顺应他在敏感期的发展规律，并鼓励他按照自己的兴趣来观察事物，不破坏孩子的专注力。

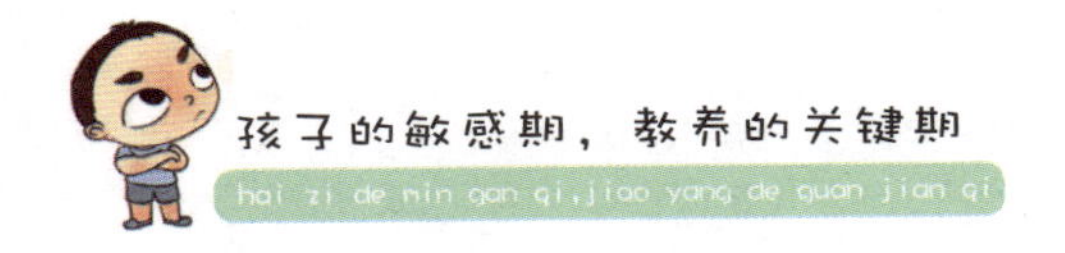

4. 当孩子提出问题时，请耐心解答。

点评：当孩子提出问题的时候，父母能够回答的，就应该耐心答复；不清楚的，可以和孩子一起查找资料来解答孩子的问题。有的时候，也可以反问孩子是怎样思考这个问题的，加强与孩子的互动，也培养孩子独立思考的能力。

5. 在不打扰孩子的前提下，和孩子一起观察。

点评：当孩子在专注地观察小东西的时候，父母应该不去打扰并给予他们自由和时间。但是如果孩子邀请父母一起观察，父母就不要推脱，而是满足孩子的心愿，并和孩子一起欣赏他收集的宝贝玩意儿，比如小石头、花瓣、小草、纸屑等。如果有必要，父母还可以在孩子观察完之后，给孩子讲一些关于各种小东西的故事，比如花瓣是如何脱落的、小蝌蚪是怎样变成青蛙的，等等。这样孩子不但增长了知识，还能感受到父母温暖的陪伴。

6. 不要像丢垃圾一样扔掉孩子收集的小玩意儿。

点评：很多孩子都喜欢收藏特别心爱的细小玩意儿，但一些父母却认为这些毫无价值和意义，嫌孩子把家里搞得很乱。其实，孩子的这种收藏行为是这个年龄段的心理需要，他从中感受到了快乐，对这些小玩意儿很珍爱。所以，父母千万别随意丢弃孩子收集的小玩意儿，而是应该鼓励孩子的这一行为。如果孩子需要小盒子等容器，父母可以给孩子准备好，这样就可以保护他的行为和心理需求了。

孩子在细小事物敏感期阶段，会对很多细小的事物非常感兴趣，哪怕那些小东西在父母眼里一文不值，孩子也会乐此不疲地去观察、收集和欣赏，而且很专注。父母要做的就是尊重孩子的兴趣，在他们专注工作的时候，不要打扰他们；在他们需要父母的帮助或希望与父母沟通的时候，耐心与孩子交流，保护好孩子的好奇心和专注力。

最后的总结：

了解了孩子在细小事物敏感期阶段的特点后，父母就应该仔细观察他们的行为，耐心陪伴他们，培养他们观察的兴趣和乐趣，保护好他们的观察力和专注力，这样父母日后就不会再为孩子缺乏专注力而感到苦恼了。

肛欲敏感期（1.5~3岁）性心理发展的重要阶段

孩子在1.5～3岁期间，会进入一个性心理发展的重要阶段，就是“肛欲敏感期”。这个阶段的孩子以研究和控制自己的大小便为乐，还会出现憋大便或憋尿、将大小便拉在裤子里等现象。

如果成年人能够尊重孩子这个敏感期发展的自然规律，给予孩子宽容的心理发展环境，那么孩子一般两个月左右就会顺利度过这个时期，为日后健康的性心理发展打下良好的基础。

什么是肛欲敏感期？

想知道孩子为什么会憋大小便、玩自己的大便和小便或尿裤子吗？请大家一起走进幼儿的“肛欲敏感期”，共同探讨孩子的这一自然发展规律吧！

不少父母可能从来没有想到过幼儿解小便和大便会涉及孩子未来的性心理、性格以及是否能够健康发展的问题。于是，当孩子遭遇“肛欲敏感期”的时候，父母由于不了解孩子这段时期的表现特点，就会做出一些错误的行为，结果导致孩子无法顺利度过肛欲敏感期。

那么，什么是肛欲敏感期呢？孩子在1岁之前会经历口欲敏感期，通过吃手、吃脚和吸吮等口腔动作来探索世界，以获得精神上的满足。当幼儿到了1.5岁左右，学会自己脱裤子和解大小便之后，就会反复出现憋大便或憋小便，并将大小便解在裤裆里的情况，这就预示着他的性活动进入了另一个阶段，也就是肛欲敏感期的到来。这个时期的孩子会对排泄物或生殖器官特别好奇：有的喜欢研究自己的“屎屁尿”；有的从憋尿中获得性快感；有的从憋大便中获得性快感；等等。每个孩子情况都不一样，所以进入这个阶段的时间和表现也就有所不同，这一敏感期多在1.5～3岁。

这一阶段产生的生理原因是幼儿在练习如何控制自己的肛门和尿道括约肌的时候，大小便的积累造成了强烈的括约肌收缩，产生了强烈的刺激感和快感，给孩子带来了性的体验。肛欲敏感期是一个非常重要的性心理发展阶段，如果成年人理解并包容孩子，在自然状态下，孩子一般在两个月左右就会顺利度过这一敏感期；但是如果成年人不了解原因，强行压抑其好奇感，甚至对孩子尿裤子等现象进行训斥、指责、打骂和惩罚，就会造成孩子紧张、有压力和压抑的心理。有的孩子超过半年都无法度过这一敏感期，甚至出现性发展的停滞状态，进而严重影响到正常的身体发育、良好性格和心理健康的发展。有些孩子之所以具有不自信、顽固、拖延、强迫行为等现象，就是与这个时期孩子的行为受到了抑制或者错误的引导有关。

既然肛欲敏感期如此重要，父母和幼儿园老师到底应该如何面对呢？下面我们就从三大方面来具体分析这个敏感期。

一、孩子在肛欲敏感期阶段的主要表现

1．已经学会自己脱裤子解大小便的孩子，突然在一段时期内反复出现憋大便或小便，并将大便或小便拉在裤子里的状况。

2. 特别关注自己的大小便，喜欢研究大小便的形状。

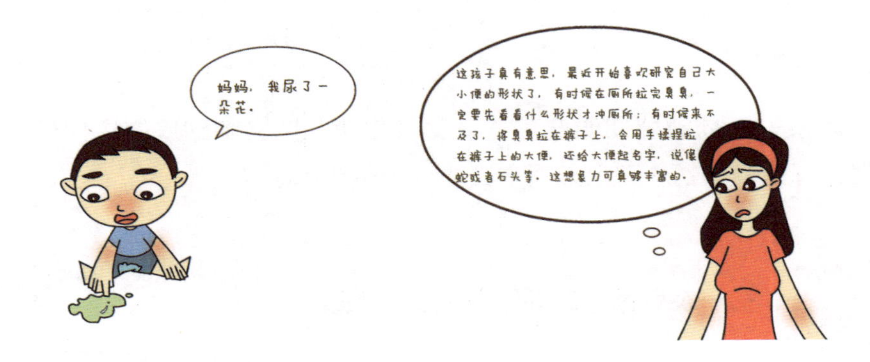

3. 大小便规律的改变。

频繁地上洗手间小便，有时候一天4～5次大便，每次都不能完整地大小便；有时候大便会2～3天一次，或者用更长的时间憋大便。

4. 大小便时的一些表现。

憋大小便的时候会出现面红、大汗、全身紧张、双手握拳、四肢关节屈曲和夹腿等现象，这种行为上的变化是幼儿体验性快感的表现。

5. 大小便地点的变化。

有些幼儿不愿意在厕所大小便，而是躲进某一个房间或者是窗帘或房间门的后面大小便。

6. 性别意识的发展。

观察学习父母在家庭中的性别角色，学习理解并认同自己的性别角色。

以上就是幼儿在1.5 ~ 3岁肛欲敏感期到来的主要表现。在肛欲敏感期，幼儿通过练习如何控

制自己的肛门和尿道括约肌，感受到了刺激肛门时所带来的新奇感觉和性的体验。如果幼儿的肛欲敏感期进行得顺利，一般两个月左右就会结束。肛欲敏感期的结束，标志着儿童的性心理向着下一个阶段——生殖器期迈进。

每一个孩子在肛欲敏感期的表现都不一样，有的会比较明显，有的就并非那么明显；有的在进入肛欲敏感期之后，由于种种原因还会继续吃手指和啃物品等。

二、父母阻碍孩子肛欲敏感期正常发展的做法

1. 指责、嘲笑、打骂、恐吓和惩罚孩子。

点评：打骂和羞辱并不能改变孩子生命发展的本能。如果父母不能理解孩子在这个特殊时期的正常表现，而是做出吓唬孩子说“再尿裤子，妈妈就不要你了”或者“其他小朋友怎么都不像你这样尿裤子呢？”等羞辱孩子的不良言语和行为，孩子就会感觉到无法满足父母的期望，从而产生自卑感，也失去了安全感。

2. 过度关注和焦虑，包括讲大道理或过度训练孩子如厕等。

点评：有些父母一看到孩子拉裤子就紧张，反复问孩子是否要拉或者给孩子立即穿上纸尿裤；有些父母会反复给孩子讲道理，要孩子记住尿尿或拉臭臭一定要告诉妈妈；有些父母会反复训练孩子如厕等。父母过度关注或给孩子讲道理的行为，反而会加重孩子的精神压力，因为孩子在这个阶段并没有感到什么不适。而如果父母强行干扰，孩子会产生抗拒的心理，反而使这个敏感期无法顺利度过。

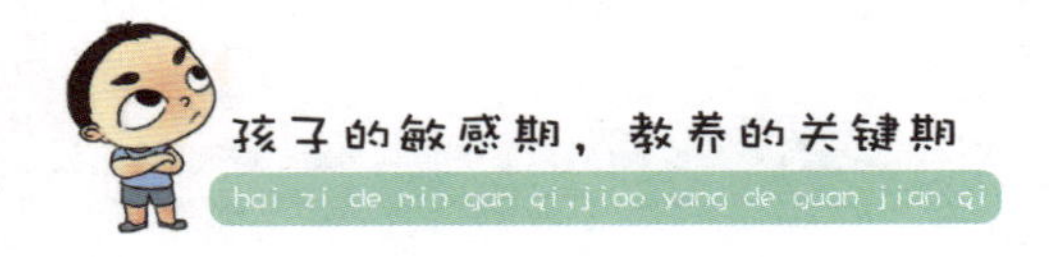

3. 过分夸奖而给孩子带来精神上的压力。

点评：只要孩子不是因生病而造成的拉肚子，孩子在这个特殊敏感期将臭臭拉到裤子里是正常的生理现象。如果父母过分夸奖，孩子一旦达不到要求，反而会有精神压力，或者刻意迎合父母的夸奖而打破肛欲期的憋大小便的现象，这些都会造成孩子肛欲期反复，从而延误敏感期的顺利度过。

4. 用“纸尿裤”的时间过长。

点评：有的孩子都已经超过了1.5岁，可是父母担心孩子将大小便拉在裤子上，把裤子搞脏了，就让孩子长期穿着纸尿裤，这样孩子就会错过肛欲敏感期的体验，不利于孩子顺利度过这一敏感期。

5. 把尿过早和控尿严格。

点评：有些父母习惯给不到1岁的孩子经常性把尿，或者嫌弃孩子会尿在裤子上而严格控制孩子小便次数，这样就造成孩子上厕所不是因为大小便的胀感，而是基于父母训练下的条件反射。这种条件反射违背了孩子敏感期的生理节律，从而造成孩子的肛欲敏感期延长，有的孩子4岁了都还有肛欲期的表现，这种补偿行为就是因为父母引导不当而造成孩子敏感期推后。

6. 突然变化或者压抑的环境。

点评：当环境出现了变化，比如初上幼儿园、搬家，或者是家庭中父母关系紧张、经常吵架等，孩子由于不适应环境的变化而导致尿裤子的现象，这个时候的尿裤子就不是敏感期现象了，而是环境变化导致的不安全感和精神紧张。

正常情况下，孩子的肛欲敏感期一般在两个月左右就会结束。如果孩子能够顺利度过肛欲敏感期，就标志着孩子的性心理向着下一个阶段——生殖器期迈进。

如果父母不尊重孩子肛欲敏感期的发展规律，对孩子大小便出现的状况过于敏感或者训练过于严厉，孩子就会感觉紧张和心理压力大，这将会扰乱孩子自我控制大小便的自然规律，导致肛欲敏感期拖延的时间过长；有的孩子几个月、半年甚至几年都处于尿裤子和大便解在裤子里的尴尬和痛苦之中，从而导致无法顺利度过肛欲期。孩子肛欲敏感期的发展进程若是遭到破坏，孩子的性发展就将出现停滞的状态。

三、父母如何面对并帮助孩子顺利度过肛欲敏感期

1. 了解孩子的肛欲敏感期并具备这方面的思维。

点评：肛欲敏感期阶段的孩子，给父母的感觉就好像“行为倒退了，原先知道如何上厕所的，现在却突然尿裤子了”。其实，这些都是肛欲敏感期孩子的正常表现。

作为父母，应该学习一些基本的敏感期知识，理解孩子在这个阶段所出现的各种状态，从而了解并尊重孩子的成长规律。

2. 接纳和尊重孩子在肛欲敏感期的特点和表现。

点评：如果父母不接受孩子肛欲敏感期的表现，对孩子发脾气，当着孩子的面儿与其他大人议论孩子拉裤子的行为，或者谩骂孩子，比如“太脏了”“妈妈不要你这个臭孩子”等，这些都会导致孩子紧张、不安和焦虑，从而导致这一敏感期的延长。

所以，父母要懂得孩子在肛欲敏感期的心理和生理发展规律，明白这是孩子性发展的一个阶段，相信孩子自我成长的力量，这样才能真正做到从内心接纳和尊重孩子的发展。

3. 父亲不应该缺席孩子敏感期的成长过程。

点评： 孩子没来得及尿在厕所里，而是尿在了爸爸的手上，然而爸爸没有生气，也没有批评孩子，而是用幽默的方式化解了孩子的紧张心情。这种来自父亲的情感支持显得更加有力量，这样欢乐轻松的气氛让孩子的肛欲期得以顺利度过。

4. 以平常心对待孩子的尿裤子，做到不打骂、不讽刺。

点评： 当孩子进入肛欲敏感期之后，父母面对孩子尿裤子或将大便解在裤子里的情况，要冷静并从内心接纳孩子，平静地为孩子换洗干净。如果孩子在这段时间确实尿裤子很频繁，可以适当地给孩子穿纸尿裤，以减少孩子对自己反复尿湿裤子而感受到的压力。

父母不要因为孩子弄脏裤子而强调“脏、臭”，表现出厌恶的情绪；不要告诫孩子“下次记住去洗手间”，因为孩子已经知道大小便要去洗手间，只是目前还做不到；更不要讽刺打骂孩子，比如说“都这么大了还尿裤子”“你再尿裤子妈妈就不喜欢你了”等羞辱性的语言。父母这些不良的反应和羞辱打骂不但不能改变孩子生命发展的本能，反而会造成孩子的心理压力，孩子越想控制大小便就越控制不了，导致恶性循环，身心健康受到影响，肛欲期也不能顺利度过。

5. 不要打扰孩子对自己排泄物的研究。

点评：孩子对着自己的排泄物研究，这是肛欲敏感期的表现之一，也是孩子的想象力得以体现的一种形式。所以父母不要去打扰孩子。如果孩子的小手沾上了大小便，父母不要打骂，温和地告诉孩子洗干净手就可以了。同时给孩子简单解释：大小便有细菌，如果不洗干净手上的大小便，就会生病。然后父母协助孩子洗干净手就可以了，千万不要以“肮脏”“羞”“讨厌”等侮辱性言语来训斥孩子。

6. 孩子正在憋尿或者憋大便时，父母不要打断。

点评： 有些处在肛欲敏感期的孩子喜欢躲在父母看不见的地方憋尿和憋大便，此时父母应该保持耐心让孩子完成他想做的事情，不要对正在憋尿或憋便的孩子说："你都快拉出来了，不要再憋了，快去洗手间！"或者直接将正在憋尿或憋大便的孩子抱进洗手间强行让孩子坐在马桶上。因为这些粗暴的言行举止将破坏孩子正在进行的肛欲敏感期的体验。

7. 在孩子敏感期期间，与幼儿园老师保持沟通。

点评： 孩子进入肛欲敏感期之后，父母要与幼儿园老师进行沟通，让老师也了解孩子在这一时期的表现，比如允许孩子在幼儿园按照自己的大小便规律进行。这样，在老师的配合下，帮助孩子顺利度过这个特殊阶段。

8. 帮助孩子适应新环境。

点评：孩子经历搬家、初上幼儿园或者换了新的幼儿园、父母关系不和睦而导致的家庭关系紧张、亲子关系冷淡、妈妈再次生育、家里换了新的保姆、爷爷奶奶代替父母原先的照顾、孩子生病后生理机能的倒退，等等，这些都可能导致孩子大小便不正常。这个时候，父母就必须审视自己做得是否得当，为孩子提供孩子在肛欲敏感期所需要的安全环境，以帮助其顺利度过敏感期。

9. 在尊重孩子肛欲敏感期特点的前提下，适当地引导孩子。

点评： 日常生活中，父母可以通过讲故事或者阅读绘本让孩子放松心情，认识自己的身体；通过故事有趣而又清晰地告诉孩子“憋尿的时候，肚子会胀胀的不舒服；尿完了之后就会感觉很轻松”。用这样一个讲故事的过程让孩子逐步体会到大小便的乐趣，而不再认为它是一件困难的事情。

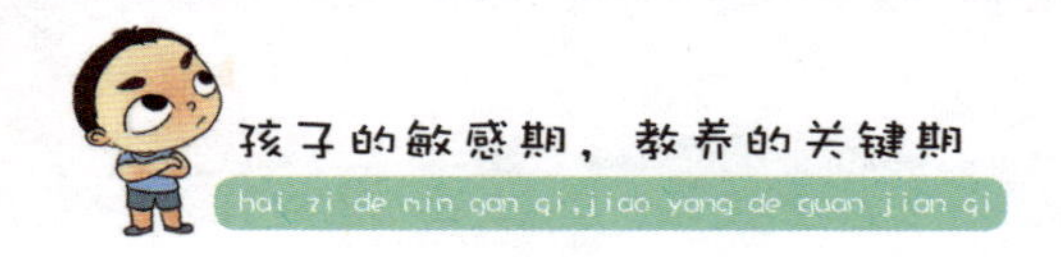

最后的总结：

在孩子的肛欲敏感期阶段，父母所要做的就是掌握一些基本的常识。当孩子憋大小便或者时不时就会尿裤子的时候，这就预示着孩子这一敏感期的到来。父母要做的就是接纳孩子对大小便的好奇心和性体验，帮助孩子顺利度过这个敏感期。

总之父母要有一颗宽容的心，学习一些肛欲敏感期的知识，尊重和观察孩子，将主导权交给孩子，并适当地帮助孩子度过肛欲敏感期。

人际关系（社交）敏感期（2~6岁）学习如何交朋友的重要时期

在2～6岁期间，“交朋友”是每一个孩子都热切期盼的人际往来，这就是人际关系敏感期，又称为社交敏感期。这是孩子成长和发展过程中一个非常重要的需求，也是情商的重要组成部分。

那么，父母如何引导孩子获得与他人打交道的能力，孩子是否能够习得良好的人际交往所需的言行举止，这些都将影响孩子成年之后是否能够拥有健康的人际关系。

什么是人际关系（社交）敏感期？

孩子不肯分享、和人打架、内向、不懂得怎么交朋友……孩子出现这些问题父母该怎么办？哪个孩子不渴望拥有自己的小玩伴呢？良好健康的社交关系是孩子成长中不可或缺的正能量，它将关系到孩子一生的幸福和心理健康。那么，父母应该怎么做，孩子才能成为一个会交朋友、人缘好、有社交能力的人呢？

当自家的孩子和小朋友争夺玩具时；当上幼儿园的孩子拿着父母买的昂贵玩具换回一张贴纸，并开心地告诉父母这是他和好朋友交换得来的“礼物”时；当孩子很大方地把家里的零食全部带到幼儿园和其他小朋友共享时；当孩子因为他喜欢的一个小女孩搬家了而在父母面前伤心难过时；当孩子今天和这个小朋友玩，明天又换个小朋友交往时；当孩子很难过地问妈妈为什么小朋友都不跟他玩时……很多父母不理解孩子的行为，有的还会认为孩子行为“愚蠢”或者“没必要”，却不了解其实孩子在两岁的时候，就开始进入了人际关系敏感期，并一直持续到六岁，孩子的一切社交努力就是为了有个好玩伴。

正如每一个成年人是社会人，需要社交、需要朋友情感的慰藉一样，孩子也不例外。孩子的人际关系，从早期开始的非固定玩伴、一对一的玩具和食物等物质交换，慢慢过渡到寻找共同兴趣和爱好的固定玩伴，并相互关爱、理解和倾听彼此。在这个与人交往的过程中，如果孩子能够得到包括父母在内的成年人的正确引导，那么孩子就会逐步理解真挚的友谊是志趣相投、彼此信任、相互理解、相互倾听和相互关爱的。同时，孩子也将逐步学会如何与陌生人打交道、如何与人说话、如何在公共场合遵守规则等，这些都奠定了孩子与人进行良

好沟通和交往的基础。如果孩子社交敏感期的需求得不到满足，早期的社交能力得不到发展，那么孩子成年后就很难成为一个合格的社会人，对于未来的交友、工作、恋爱、婚姻家庭等都会有负面的影响。

那么，孩子怎样做才能成为一个会交朋友、有好人缘、受人欢迎的人呢？我们从以下三个方面来分析这个问题。

一、孩子不懂如何交朋友的主要原因

我们时常会看到小朋友眼泪汪汪地跟妈妈抱怨，说小朋友不愿意跟他玩，或者听一些妈妈抱怨说自家的孩子不合群，不像其他的一些小孩很受同伴的欢迎等。但是，父母有没有想过到底是什么原因造成的呢？

1．父母喜欢给孩子贴上消极的“标签”。

点评：很多父母总以为孩子还小，什么都不懂，随便数落他们也没什么，于是就轻易给孩子贴上“胆小”“没礼貌”“不大方”等各种负面的标签。但其实孩子是很敏感的，他们非常在乎大人对自己的评价。父母这种给孩子贴上负面标签的做法，实际上就在向孩子暗示他是这样的人，导致孩子在人际交往中失去了信心。

2. 父母横加干涉孩子与小伙伴的交往。

点评：在安全的前提下，孩子和他的小伙伴们只要在一起玩得开心，就算有些矛盾或者玩得满头大汗、浑身泥巴，父母也没有必要过多地介入孩子们的交往之中，不要横加干涉孩子如何与小朋友玩耍，这样孩子才有机会感受到真实的自我和自信心，才懂得在玩的过程中如何面对问题和解决问题。

3. 孩子不懂如何与小朋友交往，缺乏好的方法。

点评：很多父母一定都不愿意听到“妈妈，为什么小朋友都不跟我玩”这种令人伤感的话。在这种情况下，孩子会感到很迷茫，不清楚为什么其他小朋友都可以在一起玩，而他却不被接纳，到底要怎样才能和小伙伴们一起玩耍。父母要做的就是和孩子共同面对问题，支持并提供给孩子可行的解决方案，尽量先让孩子自己解决问题，实在不行，父母再介入，适当地给予帮助。

孩子和小伙伴在一起玩的时光是最开心、最令人陶醉的，这个过程让每一个孩子都感受到爱和被爱、需要和被需要、信心、勇气和合作精神。但是，孩子们在交往的过程中也会碰到各种社交问题，这就需要父母的理解和帮助，并给予孩子时间和空间去解决问题。

二、孩子学会交朋友，竟能拥有这么多的发展优势

孩子在两岁之前就已经开始了最早期的“社交”活动，这个时候的社交主要是在家庭范围之内进行的，家庭成员的行为成了孩子的主要模仿对象。由于不少父母或者祖辈溺爱孩子，以至于孩子成了家里的“霸主”，经常会有肆无忌惮的行为发生。但孩子毕竟是社会人，他最终是要融入社会的，所以除了要遵守家庭的规则之外，还要懂得如何在家庭之外学会交朋友，如何规范自己的社交行为，这些都成了孩子人生路上必须学习和经历的非常重要的社交课程。

这个阶段对于培养孩子的良好性格和未来竞争力都有着举足轻重的作用。然而很多父母并不清楚社交敏感期对于一个孩子的成长有多么的重要，往往忽略了孩子渴望良好的人际关系的心理需求。事实上，一个会交朋友、行为规范的孩子，已经在自己的人生路上踏实地迈出了成功的一步。

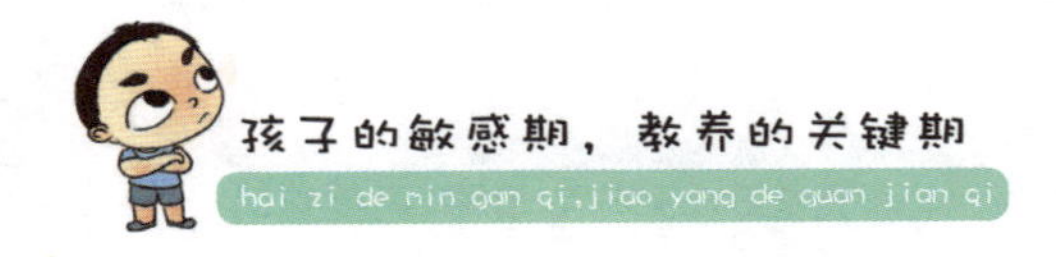

1. 一个有着良好人际关系的孩子不会感到孤独，性格不会孤僻。

点评：当有了与人友好相处的能力之后，孩子就有了可以依赖、相互支持和互诉衷肠的同伴；而且还可以认识同伴的伙伴，从而扩大自己的社交圈，增强人际关系。有了良好的人际关系，孩子的生活将是丰富多彩和阳光灿烂的，心态是健康的，不会被孤独和自闭的阴霾所笼罩！

2. 通过交流和沟通，既提升了语言表达能力，也增进了人与人之间的感情。

点评：孩子在人际交往的过程中，需要面临的是如何清晰地表达自己，同时也能够明白对方的话。沟通交流的场景越丰富，孩子能够得到的语言刺激就越多，就越有利于孩子语言表达和理解他人表述能力的发展。与此同时，积极的沟通和交流还有利于增进伙伴们之间的友谊，而真挚的友谊非常有利于孩子身心健康的发展。

3. 开阔了视野，扩大了知识面，提升了学习能力。

点评：来自不同家庭的孩子，所喜好的和所擅长的都是不一样的。当有了良好的社交氛围，孩子们是非常愿意和他们的小伙伴们一起分享不同的生活经历和对世界的不同认知的。那么，在分享的过程中，每一个孩子都能借由其他小朋友的角度来了解更多从未见过的大千世界，能够有更加丰富多彩的、多元化的生活学习体验。不但孩子的视野得到了拓展，自信心得到了增强，而且学习和认知能力也得到大幅提升。

4. 懂得了社交规则和责任，具备了集体合作精神。

点评：对于幼儿来讲，合作精神比竞争要重要得多。在合作中，孩子们懂得了只有遵守游戏社交规则、彼此合作，一项集体活动才能顺利完成，每个参与者才能获得真正的成功。同时，在集体活动的分工协作中，孩子们懂得了每个人的职责是不一样的，只有恪守自己的那份责任，才能保证活动有条不紊地进行。这些在合作中获得的优良品质才是孩子面向未来时真正应该具备的竞争实力。

5. 保持自身人格的完整性，懂得自尊和自爱。

点评：在人际交往中，心理健康的孩子能够接受他人的有效建议，并与他人和睦相处，亲密合作；同时孩子也有自己的处事原则，保持独立的人格，懂得自尊和自爱，明白朋友之间的交往也是有底线和原则的，也就是在保持个性和差异的前提下亲密合作。

6. 了解彼此的权利和义务，关心他人的需要。

点评：良好的人际关系只有在相互信任、彼此尊重和关怀中才能真正获得发展。当一个孩子能够从对方的角度考虑问题，重视对方的想法和权利，关心对方的需求，同时也尊重自己的权利和义务，满足自己的需求的时候，他就从“以自我为中心”开始向一个有责任、有担当的社会人转变了。

孩子的好性格、有责任、有担当、自尊自爱、集体合作精神、自信心、开放的心态、开阔的视野、好奇心等优良品质的养成，都与良好人际关系的发展息息相关，这也是孩子的情商得以良好发展的基础，更是孩子在未来参与社会发展和建设所必须具备的竞争力。

三、让孩子拥有良好的社交能力，并成为一个受欢迎的人

很多父母都会感到困惑：既然良好的人际关系对孩子的健康成长和发展起着举足轻重的作用，那么到底如何做才能让孩子拥有良好的社交能力，并成为一个受欢迎的人呢？以下的几点建议供大家参考。

1. 为孩子创造一个友好、平等与和谐的家庭环境。

点评：父母以身作则，为孩子创造一个家庭成员之间友好和平等的交流环境是非常重要的。平时，父母要和孩子多沟通交流，了解孩子的想法；随着孩子逐渐长大，家里有什么事情还可以和孩子一起商量讨论，孩子清楚大人的想法和做法，家长也听取和尊重孩子的意见，让孩子感受到被尊重，这样孩子才懂得尊重他人。家里如果有祖辈在一起生活的，父母要给孩子做个好榜样，让孩子懂得如何尊敬老人。这种沟通和彼此尊重的、祥和的家庭成员相处的氛围，无形中将影响着孩子的人际交往方式，潜移默化中将传递给他们正能量，为孩子未来与他人的交往和相处打下良好的基础。

2. 培养孩子的同理心等优秀品质。

点评： 同理心就是换位思考，是指站在对方立场设身处地为他人着想的一种思考方式，也是一种优良的品格，更是人际交往中必备的一种倾听、自控和尊重的社交能力。孩子要想与小伙伴建立良好的关系，对他人情绪的正确感受和积极反应是基础；不能总是以自我为中心，而是要能够体会和理解其他小朋友不同的情绪、感受和想法，并站在对方的角度思考和处理问题。

作为父母，平时可以通过游戏、绘本、与人实际交往等方式，引导幼小的孩子学会观察家人和其他小朋友的情绪变化是如何通过面部表情和肢体动作来表现的，引导孩子思考自己的行为会给他人造成什么样的情绪变化。比如可以问孩子：“如果别人对你做了这件事情，你是开心还是生气？”“如果你是别人，你会这么做吗？”“你这么做会给对方造成什么样的伤害？”“怎么做，才能让大家都一起好好玩游戏呢？”等各种问题，通过提问让孩子从多角度来思考如何交友的问题。这个过程也是让孩子学会洞察人性的过程。

3. 从家庭生活的点滴中，培养孩子的社交规则意识。

点评：在生活中，父母不但要在孩子面前树立懂礼貌的好榜样，还要教会孩子礼貌用语和生活中的一些必须遵守的规则，因为这些都是人际交往中所必备的礼节。比如，得到他人的帮助或者礼物时要说“谢谢”，不小心撞到别人要说“对不起”，公共场所不要大声喧哗，要排队等公交车等。这样，孩子在家庭生活中习得的人际交往规则，慢慢地就会被内化成他内在要遵守的规则意识，然后他就会很自然地将这些运用到与小伙伴们的社交场景中。

在和小朋友玩耍时，父母要教会孩子游戏规则。常常被同伴拒绝的孩子，很多是因为不懂游戏交往规则，总是犯错所造成的。比如，在玩具不够分的情况下，孩子要懂得“轮流玩”的规则，而不是一个人独霸；在怎么玩的时候，如果大多数小朋友都想玩一种游戏，告诉孩子要么“少数服从多数”，要么选择去玩其他的游戏。

4. 父母要信任孩子，不要过多介入孩子们的交往。

点评：很多父母在自家孩子与其他小朋友交往的时候，看到孩子们之间发生争执了，生怕自家的孩子被人欺负，在不了解清楚情况的时候就去干涉，容不得自家的孩子“吃一点儿亏”，这样是很不利于孩子人际交往能力的正常发展的。

要想让孩子的人际关系敏感期发展顺利，父母平时要抽空跟孩子多交流有关人际交往的心得；当问题出现的时候，要充分信任孩子，给他们足够的时间和空间去自己处理问题；但这并不代表父母就放任不管，而是在精神上给予孩子支持，同时鼓励孩子尝试自行处理问题。当孩子无法解决问题，找父母帮忙了，或者真的遇到了危险，这个时候父母再介入也不迟。介入的时候，父母不要凭主观判断是怎么回事，也不要马上告诉孩子怎么做，而是应该耐心地倾听孩子，让孩子说出事情的真相，引导孩子分析问题的原因所在，并找出解决问题的方法。

当孩子能够独立发现问题、解决问题的时候，孩子内心的自我形象就会越来越高大，也会越来越自信，就能顺利地度过人际关系（社交）敏感期。

5. 为孩子创造社交机会，教给孩子社交策略。

点评： 父母可以根据孩子的喜好和家庭情况，多安排一些不同场景的、满足孩子兴趣和好奇心的、有趣好玩的社交游戏来扩大孩子的交友范围，同时让孩子学习到更多的社交策略。比如，父母可以带着孩子参加自己单位的聚会，和其他一些家庭的父母与孩子结伴旅游，邀请其他家庭的父母和孩子参加自家的家庭晚会等。

父母可以在活动前以及活动当中，教会孩子一些礼貌的表达方式和良好的行为举止，因为恰当的语言表达和良好的行为是人际交往成功的重要基础。比如，“请”“谢谢”“你好”等常用的礼貌用语；大家在说话的时候，孩子不要大声喧哗；吃东西的时候，要照顾到其他的小朋友；等等。

孩子的社交能力离不开父母在生活中的点滴培养和实践，离不开父母的及时鼓励，更离不开父母的以身作则。

最后的总结：

一个人的成功，仅仅有才能是不够的，还要具备优秀的人品和身体素质，以及出色的人际交往能力——这些综合素质决定了一个人在现在这个高速发展的时代，在未来的人工智能时代，能否成为一个身心健康的、真正的成功人士。所以，当幼儿处在发展成长的人际关系（社交）敏感期阶段，父母一定要了解自家孩子的特点，了解这一敏感期的关键因素，给予孩子最大的帮助，让孩子成为一个具有好人缘、受人欢迎的人。“好人缘”不但对孩子的生活和学习、好性情和高情商的养成有帮助，还将助力于孩子成年后的家庭和事业。

“不！”——2岁的“小叛逆”开开的行为真的有问题吗？

我儿子2岁了，最近总是跟我“唱反调”。每次只要是他想要的东西或者想做的事情，如果我不同意，他就会发脾气、扔东西，有时候甚至会躺在地上打滚。我要是吼叫，他就闹得更凶了。怎么办？

卢欣老师说早教

有孩子的家庭几乎都会遇到这样的情况：孩子到了2岁左右的时候，突然从以前的“小乖乖”变成了一个专门与大人作对的“小魔头”，父母要求往东，他就要往西，做什么事情都有自己的想法和做法，很倔很执拗，令父母感到很头痛很无奈。比如，父母说：“把玩具还给别人！”孩子说：“不！”父母说：“睡觉！”孩子：“不！”父母说：“不要到处扔东西！”孩子说：“不！”……孩子用“不”与父母“对抗”。

不少父母看到孩子如此不听话，觉得情况很糟糕，感觉自己的家长权威被“挑衅”了，于是在劝说无效之后，对孩子不是骂就是打，企图逼孩子就范，但结果往往都是事与愿违，反而激起孩子更大的“反叛”：我就是不听你（父母）的，看你能把我怎么样；你说你的，我说我的，我做我的。

很多父母在这种时候会认为自己的孩子有问题，很难教。但2岁的孩子是否真的就变成了大人所谓的“小魔头”？这会不会是让孩子的各种能力得到锻炼并健康成长的好机会呢？父母觉得孩子糟糕是因为不了解孩子这一发展阶段的特点，不理解孩子的真实需求，由于不了解和不理解而导致了对孩子的误解，进而解决方式也就出现了问题。

那么，父母要怎么做才能化解这一亲子矛盾呢？怎么做才能在帮助孩子成长的同时也帮助自己成长呢？

一、送给爸爸妈妈的锦囊妙计

要想处理好与2岁孩子在这段特殊时期的亲子关系，帮助孩子利用这个绝佳阶段获得自我成长的力量，父母就应该首先理解孩子这些令人难以忍受的“不不不”背后的真实原因，“对症下药”才能事半功倍。

1. 孩子自我意识的发展：这个阶段，孩子有了强烈的自我表达的意识，渴望自己的事情自己做主。

2. 执拗敏感期：本书“秩序敏感期”这一章中，我们提到了孩子对秩序的要求。到了2岁时，孩子对秩序的“偏执”就到了一个高峰期。

3. 孩子运动能力的发展：随着长高长大以及对外界事物的更加好奇，孩子开始彰显自己的身体能力，希望通过不断扩大自己的活动空间、独立尝试新事物来挑战自己的身体极限。

4. 孩子物权意识的发展：有了保护自己玩具等私有物品的意识，不喜欢被大人强迫与其他小朋友分享。

5. 孩子欠缺自我情绪控制的能力：幼儿的认知和语言能力都有限，当父母无法理解的时候，孩子就会渡过吵嚷和哭闹来反抗。

6. 孩子的游戏心理：父母越紧张、越想制止某件事情，孩子反而会觉得特好玩，好奇心驱使孩子更要尝试了。

对孩子行为背后的真实原因有所了解之后，父母需要做的就是掌握一些行之有效的方法，帮助孩子顺利度过“叛逆的2岁”，让孩子身心健康地成长。

锦囊1. 尊重孩子并注重恰当的交流方式。

当孩子开始喜欢跟父母说“不”的时候，就是他们建立自我和自尊的第一步，孩子这么做的目的无非是为了要求和大人一样的平等地位。此时，如果父母不了解原因，就立即以强硬的“命令式”的语言来阻止孩子的行为，不但无法让孩子心服口服，反而会令孩子很困惑：为什么我不可以这么做？于是引起孩子的“逆反心理”：你不让我做，我就偏做给你看。但是，如果父母能够以平等的姿态来对待孩子的“反叛”，给孩子比以往更多的宽容、关爱以及交流，耐心倾听孩子的想法，了解孩子的需要，问问孩子是怎么想的、为什么要这么做，孩子就不会对父母产生逆反心理和排斥心理。由于2岁的孩子语言能力有限，很多时候无法表达他们真实的想法，这个时候就需要父母多些耐心，多观察，这样才不会错怪孩子。

当父母用“合作式”的语言（商量和理解的语气）替代“命令式”的语言，给孩子留有选择的余地，就会让孩子感觉被尊重，自尊心得到了维护，这个时候孩子也就不会轻易跟父母说反话了。

点评：当孩子在跳沙发的时候，如果父母用“命令式”的语言强行阻拦，孩子一定不服气，会继续“大闹天宫”；如果父母用“合作式”的语言表示对孩子的理解，并告诉孩子简单的规则，同时以其他有趣的游戏方式与孩子互动，不但可以满足孩子对运动的需求，让充满活力的孩子释放能量，还有助于建立良好的亲子关系，巧妙地化解针锋相对的“大战”！

所以，与其抱怨孩子“不听话”，父母不如多思考如何与孩子沟通。父母应该把“命令式”的亲子关系转化为“合作式”的亲子互动；平时的交流中，不要用简单的否定词“不”，不要用愤怒生硬的态度阻止或指责孩子，而是通过正面沟通，耐心告诉孩子具体而又简单的解决方案，这样孩子才会明白为什么他不能这样做，从而愿意与父母合作。

锦囊2. 建立简单的规则，杜绝无原则溺爱。

关于规则，我们在本书前面的章节中多次有提到。父母不能无原则地溺爱孩子，而是应该根据自家孩子的具体情况制定简单易执行的规则。对于孩子必须做而且完全能够做到的事，比如防电、防火、防水等安全规则、固定的作息时间规则、吃饭的规则等，父母应该温和而坚定地要求孩子执行，并耐心地多次强调以巩固孩子的执行力度；而对于大多数可以有选择权的事，父母应与孩子商量，并按照商量好的原则进行。

点评：给孩子选择权，是一个尊重孩子并能有效解决父母与超有主见的2岁孩子之间“矛盾”的好办法。

锦囊3. 相信孩子，满足其好奇心和合理要求。

对于孩子的好奇心，父母应该给予支持，千万不要对孩子过度保护或是包办代替，这样会使孩子失去很多自我探索的机会，也会引起他们的抵触。对于孩子的能力，父母要给予充分的信任和肯定。在安全的前提下，当孩子遇到自己能力范围内可以解决的困难，父母要尽量放手让孩子自己去做，这样孩子在体会成功的快乐的同时，也能减少和父母的对抗情绪。

点评：2岁的“小叛逆”总想自己有所作为。所以只要是合理的，父母就应该让孩子自己做主，这也充分满足了孩子希望自己能像大人那样有决定权的心理。

锦囊4．满足孩子渴望独立的愿望。

孩子之所以表现出顽强的“反抗性”，其根本原因是想独立。表面上看起来是在与父母作对，但孩子的内心仍然需要父母的情感支持和适时的鼓励。在放手让孩子独立做一件事时，父母可以先判断一下他完成这件事的可能性和可能遇到的问题，然后在安全的前提下，让宝宝自己去做。

如果孩子正准备做的事情可能危害到人身安全，父母必须果断地制止，并用其他一些没有危险性的游戏活动来代替，让孩子在享受到独立感的同时也享受到了父母对他的关爱，这样也会减少孩子反抗情绪的产生。

点评：在2岁宝宝的“叛逆”期，父母根据孩子渴望独立的愿望而因势利导，有利于逐步培养孩子在生活上的独立性。

锦囊5.“我的！不给！”——关于玩具分享。

幼儿的“玩具分享”是一个重要的话题，它对于处在自我意识萌芽期、开始具有“物权意识”的2岁幼儿的社交能力的培养，有着举足轻重的作用。

请父母要记住：要让孩子学会玩具分享中的各种社交技巧，父母要多次反复强调并与并孩子一起练习，这样孩子才能慢慢学会和适应。一旦孩子掌握了良好的沟通方法，很快就会将其应用到他的社交生活中，孩子也会变得更加自信！

如何才能正确引导孩子进行玩具分享？以下几点建议供父母参考。

（1）请了解孩子成长的一些特点。

孩子在2岁左右到了自我意识开始萌发的阶段，刚刚开始有了物权意识。所以，以自我为中心的他看什么都是“我的”。但孩子分不清“我”“他”的意思，不明白哪些是自己的、哪些是别人的。如果父母在一开始就告诉孩子“不要将自己的玩具给别人玩”“不要拿别人的玩具”或者“你要和小朋友分享你的玩具”等，孩子是很难理解的。

点评：保护自己的玩具，是孩子“物权意识”的最显著特征。

（2）尊重孩子的物权。

孩子只有具备了物权意识，珍惜自己和他人的物品，才能真正懂得分享。有很多父母会因为其他小朋友喜欢自己孩子心爱的玩具，为了让孩子显得“有爱”，在没有经过孩子的同意下就将玩具送给其他小伙伴，导致孩子不高兴，产生担心失去自己东西的不安全感。这和成年人不愿意把自己喜欢的随身物品随便送给他人是一个道理。

所以，父母要尊重孩子保护自己玩具的“物权意识”，孩子有权决定是否将玩具给其他小朋友玩，父母若想把玩具借给其他小朋友玩，也要事先征得自家孩子的同意才能做安排。当孩子有了安全感、有了自主决定权，慢慢地也就愿意和其他小朋友分享玩具了。

点评：父母要做的就是首先尊重孩子的物权保护意识，然后在日常生活中逐渐帮助孩子学习分享。

（3）创造良好的家庭分享氛围，分享从父母做起。

父母之间友爱的分享行为，会给孩子树立好榜样，孩子会直接模仿。

比如，妈妈与爸爸分享一块蛋糕，爸爸说“谢谢”，孩子就有可能去模仿妈妈的行为，把自己的食物给爸爸或者与爸爸一起玩玩具，此时父母要及时给予孩子具体的鼓励，不要泛泛地说“宝宝真棒”，而是应具体说“这块蛋糕真好吃”“和宝贝一起玩玩具真开心”等。这样孩子就会明白他的这种行为是善意的，能让大家都很开心，同时他也能感受到这种分享的喜悦。逐渐地，孩子就能够懂得分享的意义，也乐意分享了。

有的父母会在孩子分享的时候对孩子说：“宝宝真乖，妈妈不吃，你自己吃。”这看上去似乎是一种“谦让”，但事实上会给孩子造成误解：“分享只是一种形式，东西始终都是我自己的。”而这种做法直接造成的恶果就是，一旦妈妈真吃了一口，孩子反而会生气：“你怎么能吃我的呢！”

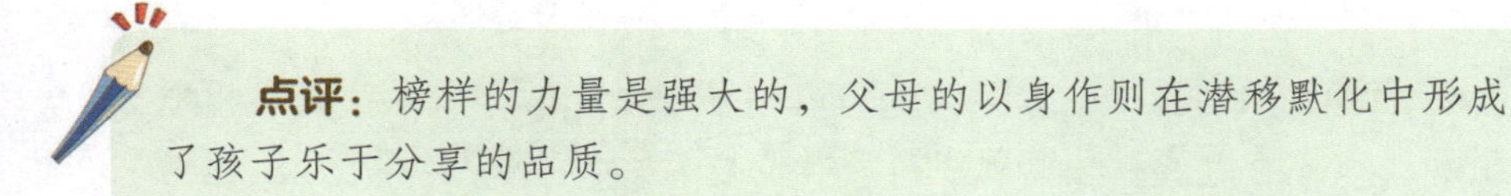

点评：榜样的力量是强大的，父母的以身作则在潜移默化中形成了孩子乐于分享的品质。

（4）不要强迫孩子分享。

有些父母在看到自家孩子不愿意让别的小朋友玩自己的玩具时，会抱怨孩子小气，然后让孩子将自己的玩具给其他小朋友玩。

父母可以换位思考：作为成年人，当有人不经过你的同意，就让你拿出你心爱的物品给他人的时候，你愿意吗？孩子也一样，当他还没有“分享”的概念的时候，个性强的孩子被强迫后，就会大哭大闹，痛恨父母这种强迫他分享的行为；而个性软弱的孩子为了得到父母的认同就只好服从，但却很可能变成一个将来随时被他人欺负的“受气包”。这些被迫的分享都不是出于孩子内心的自愿，分享反而变成了一件不愉快的事情了。

所以，在孩子有了物权保护意识，在孩子能够理解和体会到分享的快乐之后，分享才是真正有意义的分享。

点评：只要孩子的分享是在自愿的基础之上的，父母就没有必要干涉。父母要做的就是以身作则，保持和孩子的必要沟通。

（5）教会孩子轮流玩。

父母应该教孩子一些游戏的基本规则，比如，“玩具大家轮流玩”“她先玩，然后轮到你”“玩具你不玩了，可以让其他小朋友玩一玩”等。

平时在家里的时候，父母可以通过生活中的游戏或者绘本阅读让孩子明白什么是“轮流玩”。比如，玩皮球，孩子扔一次，妈妈扔一次；搭积木，孩子放一块，妈妈放一块；与孩子阅读的时候，妈妈翻一页，孩子翻一页等。等到孩子爱上这些游戏了，时间就可以延长一些，比如让孩子抱着一分钟玩具熊，妈妈看着时间，轮到妈妈时，妈妈再抱一分钟。如果和小朋友一起玩，父母在孩子还不知道如何轮流玩的时候，也可以帮助孩子这样来轮流玩。

通过这样的游戏，孩子能够直观地体会到自己的玩具还是自己的，和他人分享只是暂时的。孩子一旦有了安全感和对自己物品的物权保护意识，那么学会分享就是指日可待的事情了。

点评：通过集体游戏，让孩子体验到什么是“轮流玩”。

（6）孩子的玩具被抢了，怎么办？

当孩子的玩具被抢了，父母可以先观察，如果这种情况不是很严重，父母不要介入，让孩子自己从纷争中取得一个平衡点，累积经验后，将来自然知道如何与人相处，也比较容易学到自己解决事情的方法。

如果事情比较严重，孩子无法解决，应该怎么做呢？

首先，父母要理解孩子的感受。不要抱怨孩子“没出息”或者劝说孩子与他人分享，否则不仅不会让孩子心服口服，还会让孩子更加难过。孩子这个时候需要的是安慰，而不是父母直接对这件事情的论断。

其次，父母可以抱住孩子的肩膀，通过身体接触给孩子带来一种安全感，让他感觉到温暖。然后让孩子自己去要回来，如果被拒绝，那么妈妈会帮他要回来，让他感觉到一种支持的力量；让孩子尝试用语言表达自己的想法：“请把玩具还给我”或者“我先玩，如果你喜欢，我一会儿再给你玩”。

在两个孩子自行商量后，如果抢玩具的那个孩子还是不愿意归还，父母就可以亲自出面帮助自己的孩子用恰当的理由去说服对方，争取让两个孩子的情绪都得到疏导和保持愉快。如果对方孩子归还了玩具，成年人要及时鼓励这种良好的行为。

总之，父母在孩子遇到突发事情的时候一定要保持冷静和客观理性，有了正确的判断之后，再对孩子进行正确的引导，让孩子慢慢学会独立解决问题。

点评： 孩子之间在解决问题的时候，只要没有危害性的行为发生，父母就不要过多干涉。

（7）当自己的孩子抢别人的玩具了，怎么办？

第一招：转移注意力。

2岁的孩子抢其他小朋友的玩具，父母在情急之下，可以偶尔用一些有趣的办法来转移孩子的注意力，比如和孩子玩其他的游戏，劝说自己的孩子把玩具还给别人。这样可以避免孩子与对方之间或者与父母之间的对抗。

事后，等孩子冷静下来了，再告诉孩子不能抢玩具的原因，比如，“你抢了小朋友的玩具，他会很伤心的”“如果别人抢了你的玩具，你会开心吗”等，让孩子逐渐明白道理，而不是只靠转移注意力。

点评：用非常好玩的东西转移孩子的注意力，这有利于问题的暂时解决，但是父母最终还是要逐步让孩子明白事理。

第二招：适当的介入。

在抢玩具的过程中，如果发生了严重的打人行为，不管是哪个孩子先动手，一旁的成年人都必须立即制止：抓住打人的孩子的手或抱住他，温和而又坚定地告诉他打人会让另外一个孩子感到疼痛，直至孩子不打人为止。

点评：孩子抢玩具并打人时，父母用温和而坚定的态度去面对才能真正解决问题，对着孩子吼叫是毫无用处的。

第三招：适当的惩罚。

一般情况下，如果大人引导有方，孩子们抢玩具的问题很快就会解决，他们又能重新玩在一起了。但是对于攻击性和占有欲较强的孩子来说，转移注意力和讲道理可能都收效甚微，这个时候大人就需要给一点适当的惩罚（注意：适当的惩罚要事先与孩子约定好，如果他抢玩具，就要承担这样的结果），比如可以限制孩子看动画片的时间，或限制孩子外出玩耍的机会等。

惩罚的具体方式可以根据自家的情况而定。但是要注意，惩罚必须得到家里大人的一致同意和统一配合，不能妈妈惩罚爸爸解围，否则惩罚同样无法见效。

点评：给孩子制定了合理的规矩，就要执行。

（8）当孩子被拒绝时。

当孩子想借其他小朋友的玩具来玩，父母可以鼓励他去和小朋友商量，并建议孩子拿一样自己的玩具和对方交换，有必要的话可以陪着他去和对方商量，答应过一会儿一定还。如果对方不愿意交换和分享，拒绝自己的孩子，父母要及时安抚孩子，并让自己孩子尊重对方的意见，同时也让他学会接受现实。

点评：在孩子被拒绝的时候，孩子生气很正常，这个时候他是非常需要父母的安慰和接纳的。父母可以抱抱孩子并告诉他："妈妈知道你难过，妈妈小时候也遇到过这样的情况。玩具是其他孩子的，他有权做主。"

最后的总结：

玩具分享属于幼儿社交中的一种能力体现，孩子是否能够获得这项能力并健康成长，离不开父母的陪伴和帮助。父母平时在家里要多和孩子沟通，用游戏和绘本等有趣的方式让他逐步懂得如何与小朋友交往和分享，还可以邀请一些朋友的小孩来家里玩，帮助孩子拓展交际范围，让孩子在玩耍中锻炼自己的社交能力和分享能力。

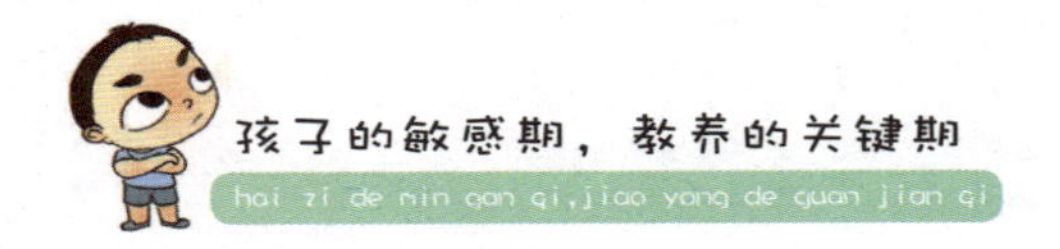

开开被小朋友打了，是“以牙还牙”，还是“忍气吞声”？

我儿子上幼儿园一年了，开始还好，可是最近出现了新问题，小胳膊上有血印，回到家也不敢告诉我。后来我了解到他被同班的一个小朋友掐，有时候那个小朋友还打他，但是他不敢告诉老师，而且他也没有反抗。我该如何引导儿子？是打回去，还是忍让？是否有其他更有效的关于“孩子被打”的解决方案呢？

卢欣老师说早教

孩子从2岁开始进入社交敏感期，孩子之间语言和身体的对抗与冲突是难以避免的，“孩子‘被欺负’了，怎么办”就一直是父母们讨论的热门话题。

关于孩子被打，父母通常有三种处理意见。

1．培养孩子如何智慧地处理打人的问题，而不是靠“打回去”来解决问题。

2．很纠结：希望孩子是一个包容的人，不要打回去，而是与打人者讲道理，或者告诉大人来处理；但又担心不还击的话，孩子总是会“被欺负”。

3．孩子必须立即回击，这样才不会成为“受气包”，不会被欺负，将来长大了才能在这个“弱肉强食”的社会有立足之地。

的确，看到孩子被打，相信没有一个父母心里是好受的。重要的是，孩子如何学会妥善处理“被欺负”的问题、如何保护自己、如何建立良好的人际关系，这对他未来的成长和性格的养成都有很大的影响。

如果一个孩子在幼年时期被欺负后手足无措，既不懂得如何保护自己或自己解决问题，也不懂得借助成年人的力量来解决问题，性格过于软弱，那么上学以后，当他遭遇学校有可能存在的“欺凌”问题而不懂得如何处理的时候，身心就有可能遭到来自他人的巨大伤害。

近年来，一些学校中小学生的“欺凌”事件时有发生，有些孩子因此得了忧郁症，甚者自杀和被杀。这些被欺凌的孩子就是因为缺乏足够的自我保护能力，缺乏应对措施，也不知道求助于老师和父母，而老师和父母也没有及时发现并提供及时的帮助。这样的应对能力在幼儿时期就应该得到父母和老师的培训，毕竟没有一个孩子能够回避社交交往中的矛盾和冲突。一些父母试图“保护”孩子不要受到“欺负”和避免冲突，这是不现实的想法，也是不明智的做法，因为这样做不但让孩子失去了成长中不可或缺的体验，而且更糟糕的是孩子欠缺了幼年时期就应该开始具备的解决冲突问题的能力。

既然无法回避这个现实的问题，那么如何让孩子具备这种解决冲突的能力，就成了家庭教育的重要任务，必须尽早开始实施。父母应该具备什么样的智慧，才能让幼儿学会妥善处理自己被打的问题呢?

温馨提示：每一个家庭环境不同，每一个孩子的个性不同，因此，本文中所提供的解决方案还需父母根据自己孩子的特点进行调整。

一、要培养孩子成为解决问题的能手，父母必须以身作则

孩子的成长是一个过程，解决问题的能力的培养也需要一个渐进和成熟的过程，父母应当耐心并做必要的等待。孩子之间发生冲突的时候，父母首先要做的就是控制自己的情绪，不要看到自己的孩子被打了，就情绪失控，大叫甚至动手打对方的孩子。这样不但会吓坏孩子，还有可能因为对当时情况的误判而无法给孩子正确的指导。父母能够保持镇定和冷静，潜移默化中就为孩子起到了一个良好的“情绪控制”的表率作用。有了这个前提，父母就能够理智而恰当地引导孩子面对和处理问题了。

二、了解孩子“被欺负”的真实原因

1. 2~3岁的孩子物权意识加强。

2～3岁的孩子正处在以自我为中心的时期，物权意识加强，还不懂得分享与合作，由争抢玩具而导致的打人现象时有发生。关于“玩具分享”而出现的孩子之间的争执以及解决方案，我们在前文已经有详细介绍，这里就不再多做阐述。

2. 1~2岁的孩子由于语言表达能力有限，会用“身体动作”来表达自己的想法。

有的1~2岁的孩子想和其他小朋友玩，但由于语言表达能力有限，就用“身体动作”来引起对方的注意，向对方表示友好。这个动作就有可能被误解为“打人”，但并不是真正在打，只是可能在用“身体动作”打招呼的时候，孩子还不太会控制自己动作的轻重，行为看上去像打人，甚至有可能动作过大而弄疼了小朋友。这种情况下，双方父母都不必太在意，做适当的引导就可以，比如教会孩子如何用语言表达自己。

3. 孩子之间有自己的游戏规则。

有时候，父母认定自己孩子“被欺负”了，却遭到自家孩子的否定，因为孩子之间有自己的游戏规则，他们看上去似乎在争执，但其实孩子们都没太在乎。他们时常之前还在争吵打架，可没过多久就突然“雨过天晴”，手拉手快乐地继续追逐玩耍了。所以，只要对方孩子不是刻意制造事端和麻烦，自己的孩子也并没有因为偶尔“被打”而感到恐惧和沮丧，父母就没有必要干涉孩子，而应让他们自行解决。

点评：不少父母总是喜欢以成年人的眼光来看待孩子们的矛盾，但孩子到底有没有“被欺负”，不应该由父母来主观地判断。不要因

为担心自己的孩子吃亏，父母就给孩子这样的心理暗示："对方欺负你了，你如果不还击就是软弱无能。你不要再跟这种坏小孩玩，你们不能再做朋友了。"这种负面的心理暗示不但会让孩子感到自己没用，还会扼杀孩子们单纯的友谊和快乐。

4. 有时候的确是自己的孩子动手打了人而被对方孩子回击。

这时候父母就要告诉孩子"小手是用来帮助人的，打人会很疼的"等规则。我们在前文中就这一问题已经有过很多的讨论，这里就不再赘述了。

其实，小孩子打架不记仇，他们的情绪来得快去得也快。很多时候他们并没有觉得自己被人欺负了，也没有受到真正的身心伤害，只是小朋友在交往中出现的正常现象。而父母的负面暗示却会带给孩子心理压力并将孩子引向相反的方向，导致孩子性格懦弱而无法正常交友，更不会判断和解决真正的矛盾。

所以，什么时候应该介入孩子的纠纷、什么时候该放手让孩子自己解决问题，这个尺度的拿捏取决于父母是否真正了解孩子，父母必须要在了解事情真实原因的基础上"对症下药"。事实上，孩子们在争执的过程中，也是在经历、在尝试、在体验真实的生活，他们会通过这些逐渐学会处理自己的事情。

三、面对孩子"被欺负"，父母要冷静地处理问题

如果孩子被打没有造成什么伤害，孩子也能自己解决问题并很快重新与对方和好，父母就没有必要介入孩子的纠纷与争执。但当自己的孩子确实遭到了很严重的伤害，而且不知道如何处理的时候，父母就一定要保持冷静，这样才能很好地解决问题。

1. 缓解孩子的心理压力。

父母态度温和且坚决地将自己的孩子与对方的孩子分开，搂住孩子并告诉他爸爸妈妈在他的身边，他不用害怕，以此来帮助孩子进行情绪梳理。

这个时候，父母既不要指责孩子胆小而不敢打回去，也不要得理不饶

人，不停地怒骂对方的父母和孩子。可以批评对方的行为，但是要有礼有节，这样既给自己的孩子树立了解决严重问题时应该具有风度和气度的好榜样，也给孩子留出了时间和空间，以支持他日后有可能希望继续与对方孩子交友的愿望。即使孩子被打，父母也不要彻底否定对方的孩子，还是应该给孩子一个机会去慢慢体会，从而找到合适的与他人相处之道。

2. 帮助孩子分析“被打”的原因。

在安抚孩子的情绪并等他镇定下来之后，父母应该找个时间和孩子好好谈谈，了解他被欺负的经过和真相，然后帮助他分析其中的原因。比如，有没有自家孩子的责任？对方是故意欺负孩子，还是只是无意中伤害了孩子？在搞清楚事实真相之后，再根据实际情况采取相应的措施。如果孩子处理人际关系的技能技巧不足，就教他必备的人与人相处的技巧；如果是孩子的性格过于内向，就设法扩展其与小朋友的交友范围，让他变得活泼开朗些；如果是孩子性情暴躁、喜欢欺负其他小朋友而引起的被打，就要找出引起他不满和不安的原因，并设法消除这种不安的因素。

点评：孩子被打后，父母与孩子的有效沟通很重要，这能让孩子了解自己的情绪并逐步懂得如何控制情绪，还能让孩子感觉到父母是真心在帮助自己，而不是抱怨。同时，当孩子遇到无法解决的问题时，父母总是能温暖而坚定地与孩子一起共渡难关，这就给了孩子克服困难的信心。友好的沟通将会让孩子信任父母，把家庭视作安全的港湾，并能在未来的生活道路上与父母保持良好的沟通。

四、教给孩子应对“小霸王”的方法

无论孩子是因为语言表达问题所造成的无意识的“身体碰撞”，还是孩子处在“打架不记仇”的阶段，总有一些孩子会遇到真正的“小霸王”，他们由于缺乏解决问题的能力而导致了被打和被欺负。

所有的父母都很关注孩子“被欺负”这个话题，因为谁也不知道哪天自己的孩子就会碰到这个问题，也无人能保证孩子是否就不会被欺负。很多父母都在积极探索如何解决这个问题，不少父母坚决支持自己的孩子被欺负时在第一时间毫不犹豫地予以回击，绝不能吃亏，必须打回去。

但是父母有没有考虑过：孩子是否愿意打回去？如果孩子觉得自己没有受到伤害而不愿意回手反击，父母会不会觉得孩子没出息呢？万一孩子回击了，没有打赢怎么办呢？这个时候父母会不会很失望，进而责怪孩子没用？万一孩子打了回去，不但没有阻止欺凌，反而招来对方“小霸王”更大的和不断的伤害，那孩子是不是只有不停地接招和打回去？

大部分父母对于该不该教孩子打回去的困扰，皆来自“如果孩子不还手，不但很吃亏，而且将来还会因此变得懦弱”的担心。但是，父母没有想到，这样有可能会造成对孩子更大的伤害并且使其失去自信心，特别是当孩子不敢打或者打输了、被父母嘲笑胆小和没用的时候。有的孩子还会有自责的心理，认为他没打赢让父母失望和生气了，这种失败感就会让孩子感到更加沮丧。如果一味只知道让孩子打回去，很有可能会误导孩子：打人是一种很正常的行为。这导致将来只要遇到不如意的事情，孩子就会用拳头攻击他人。

所以，以暴制暴并不是一个明智的解决方法，父母如何正确理解孩子的情绪并给予正确的引导，才是对孩子最大的支持。让孩子学会如何化解内心的愤怒和仇恨，找到与人和平共处的方法，懂得如何保护自己，并在矛盾冲突的时候能够妥善解决问题，这些才是父母最应该重视的。

而解决被“小霸王”欺负的问题，并不是只有“打回去”这一种方案，不打也不代表孩子懦弱和无能，而是应该有更好的、能够真正体现人的尊严和自信、更加智慧的方法来解决这一“被打”的问题。如何处理孩子被打，问题解决的背后实质上折射出家庭教育的大学问，父母应该把握好这个度。

1. 告诉孩子：打人是不对的。

点评：当孩子告诉父母被打了，而父母也确认有这么回事的时候，父母一定要告诉孩子这一基本的原则——当有人打你的时候，一定要大声告诉对方自己的态度：“打人不对！你不能打我！”

2. 情急之下，孩子打回去了，请包容他。

当对方孩子打过来的时候，孩子来不及做出其他的反应，出于自卫就打了回去。这时父母既不要沾沾自喜，感觉到孩子没有吃亏；也不要指责孩子以暴制暴，毕竟是对方的孩子冒犯在先。父母需要做的就是接纳孩子的感受，帮助孩子控制情绪，并告诉孩子回击要注意分寸，当对方已经住手了，就不要再打了，不要造成什么伤害。等事情平静下来后，父母再找个时间与孩子沟通当时他打回去的感受，以及如何更好地解决这些问题。

点评： 接纳孩子的情绪并鼓励孩子说出自己的想法，这是与孩子进行有效沟通和解决问题的一个良好开端。要让孩子明白，关于被欺负这个问题，父母既不鼓励强硬还手，也不同意一味忍让。同时，父母接纳孩子的情绪和决定，并愿意一起探讨更多的解决方案，就是在告诉孩子爸爸妈妈相信他的成长，相信他未来能更好地处理这个问题，这样做就是在给孩子自信和力量，就是在帮助孩子建构良好的人格。

3. 面对“小霸王”时，要有坚定的目光和坚决的语气。

父母都希望孩子是个善良的人，但又担心这样教育孩子会让孩子变得软弱无能而无法应对现代社会出现的各种问题。其实，很多有这种困惑的父母是混淆了善良和懦弱的界限，善良并不代表懦弱，强大也不代表暴力。一个自信又有正气的孩子一定是有着坚定的目光、说话有力量、让人不敢轻易冒犯的人。这份做人的自信底气是发自内心的，来自父母平时的点滴培养。

点评：为了让孩子学习如何震慑“小霸王”，增强自我保护意识，父母平时在家里可以通过绘本阅读和互动游戏的方式让孩子明白如何做，并一起反复练习。在练习的过程中，父母要告诉孩子在受欺负的时候，要展观严厉的眼神、洪亮而坚定的声音和勇敢的身体姿态，要让对方感觉到一股神圣不可侵犯的力量。

在孩子真的遭到欺负的时候，父母还要及时和孩子沟通这些解决方案的实施，不断加强孩子的应变能力和解决问题的能力，让孩子在冲突和对抗中变得有胆量和有分寸，有勇有谋，同时也能很好地保护自己。

4．让孩子练就一副硬朗的身板。

一个有着强健的体魄、走路昂首挺胸的孩子所展现出来的气质是与众不同的，这种有威严和有气势的肢体语言也是震慑那些“小霸王”的一种力量。

点评：父母应该告诉孩子一个人是否强大和个子的高矮没有关系。任何时候，强大的小孩都是那种喜欢动脑子、有健康的身体和勇敢的气魄的人。父母需要做的就是帮助孩子成为更强大的自己。

5. 如果对方不肯停手，告诉孩子迅速离开。

点评：如果“小霸王”听不得任何劝告，还是要继续冒犯你的孩子，父母要告诉孩子在这个时候不要再理会他，而是必须推开他的手，并迅速跑开到另外的地方。

6. 如果“小霸王”继续追打，告诉孩子立即寻求成年人的保护。

点评：在自家的孩子劝说打人者无效、离开他也不行，他还要继续追着孩子打时，父母就一定要让孩子寻找老师或者父母的帮助。告诉孩子，高声喊叫老师或父母，不但可以吸引成年人和其他小朋友的关注，还能够让攻击性强的“小霸王”迫于周围的压力而不敢再轻举妄动。

7. 告诉孩子，集体的力量大。

点评：势单力薄的孩子时常是被欺负的对象。所以，父母要告诉孩子在任何时候都要有一群好朋友相伴，集体的力量是强大的，也是一种保护自己的力量。

8. 告诉孩子，父母永远都是他坚强的后盾。

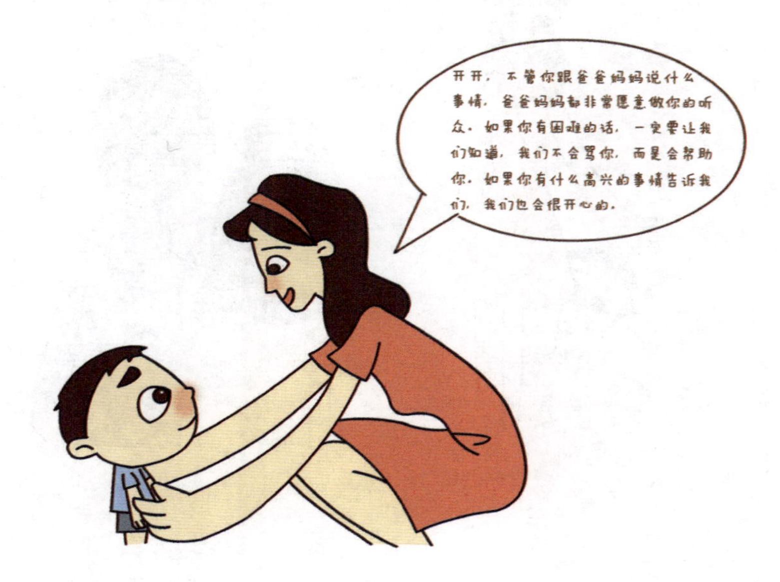

点评：很多时候，孩子在外面被人欺负了却不愿意寻求父母的帮助，是因为父母之前曾经不理解、不包容孩子，抱怨和责怪孩子，让孩子产生了与父母沟通的恐惧感。既然得不到父母的安慰和关爱，还要被父母责骂，孩子就变得不再愿意和父母说心里话了。所以，为了保证孩子的心理健康，父母一定要站在孩子的角度去理解和包容他们，让他们保持与父母的友好沟通，这样父母才能够真正了解孩子的想法并给予及时的关心和帮助。

开开在家活泼，到了外面却不与人打招呼，是没礼貌或者害羞吗?

唉，我儿子3岁了，在家的表现和在外面完全是两个人。在家里特别爱说话，活泼好动，可是在外面就不一样了，不和人打招呼，不和其他小朋友玩，别人叫他他也不答应。孩子显得胆小，也很没有礼貌。这是什么原因呢？我应该怎么办呢？

卢欣老师说早教

上述案例所表现出来的状况是很多家庭普遍存在的一个现象。在不少家庭，孩子从1岁多开始，甚至到了八九岁的时候都会有类似的情况。常听到不少父母说自己的孩子“在家是老虎，在外是绵羊”，指的就是这个情况。那么，孩子真的是没有礼貌、自闭、性格内向或者胆小吗？

的确，孩子如果过于胆小，不敢主动去和他人交流，结果就是缺少朋友，比较容易随大溜而没有主见，更容易自卑甚至自闭。成年后，过于胆小的孩子往往不敢主动争取自己想要的幸福人生，既影响生活的质量，也影响职场的正常发展。

那么，幼年时期有这种现象的孩子是真的胆小吗？我们现在就这一现象进行分析并给出解决问题的建议。

一、造成孩子“胆小”的主要原因

1. 父母，尤其是父亲的陪伴时间太少。

现代生活压力大， 节奏快，很多父母工作忙，没有时间照顾孩子，就让家里老人来带孩子。由于“隔代亲”的原因，很多老人过于溺爱孙辈；父母由于陪伴得少，也溺爱孩子，家里所有人都让着孩子，这就造成孩子在家时“无法无天”。到了外面面对一个陌生的环境，面对陌生的人群时，那些人不会像家里人那样让他、宠他，孩子就会觉得和家里环境有反差而难以适应，变得焦虑而很难与他人相处，比如不愿意打招呼等。

还有的老人由于担心孩子的安全问题而变得小心翼翼，将孩子的活动范围限制在一个很窄的圈子里，甚至只让孩子待在家里，很少出去玩，很少接触其他小朋友，孩子就变得依赖性较强、独立性较差，不太容易适应新环境，见到父母的朋友会躲，见到陌生人更是不知道如何相处。

点评：父母再忙，也要想办法抽出时间轮流陪伴孩子。一个从小缺少父爱母爱的孩子，很难想象他内心会具备应对外界变化的勇气和力量。

2. 孩子处在“安全感”的建立时期。

0～3岁的孩子正处在“安全感”的重要建立时期，这个阶段的孩子在家活泼是因为跟父母很熟，而在外人面前则出现腼腆内向的现象。这种现象并不是真正的腼腆和胆小，而是因为对外界不熟悉，因为“认生”所造成的。当孩子在一个新的陌生环境中感觉不舒适的时候，就不愿意与他人交往，甚至有1～2岁的孩子用打人的方式来抗拒与陌生人接近，这些都是正常的现象。

点评：孩子不是害怕，而是安全感阶段的一种正常反应。

3. 孩子由于认知有限，并不清楚“打招呼”的含义。

幼儿阶段，尤其是1～4岁这个时期，孩子的认知能力和语言表达能力都有限，他们并不清楚父母要让他们去和其他人打招呼的具体原因。所以，这种不想叫人的现象与礼貌和自闭无关。

点评：在孩子还不明白何为“打招呼”的时候，父母强迫孩子打招呼是没有任何意义的。

4．当孩子交友遇到问题时，父母没有及时地给予正确的指导。

有时候，孩子想和某个小朋友玩，而对方不愿意搭理。如果这个时候父母处理不得当，就有可能造成孩子的心理压力，导致孩子在外面的时候不愿意搭理人。

点评：当父母抱怨孩子“没用”或者“胆小”的时候，孩子就真的会认为自己“没用”和“胆小”。

5．父母有时候会吓唬孩子。

有些孩子不听家长的话，如果哭闹或不听话，父母就会用孩子害怕的语言吓唬他，比如：“你再哭，我就把你扔到外边让老虎吃了你。”如果孩子想玩泥，家长怕他弄脏衣服，就说：“不要玩泥巴，好脏，你会生病的。”用这些来恐吓孩子，从而让孩子失去了安全感，形成胆小、内向和怯懦的性格。

点评：如果孩子被吓唬得多了，他也就失去了与人交往的能力。

6. 父母在日常生活中对孩子过于严厉。

有些父母在日常生活中对孩子过于严厉，让孩子做一些超出他们年龄或能力的事情，或者对他们所做的事情百般挑剔，造成孩子不敢表达自己的想法，不敢尝试一些挑战，无法在实践中获得知识、取得经验，这也会造成孩子胆小、内向和怯懦的性格。

点评： 无论发生什么事情，父母都不要当着众人的面数落孩子，而是应该选择一个安静的时间，和孩子面对面单独解释清楚事情的原委，并和孩子商量如何解决问题。

二、送给爸爸妈妈的锦囊妙计

温馨提示：每个孩子都是不同的，父母应该根据自家孩子的具体情况来解决问题。

锦囊1. 父母要创造一个温馨祥和的家庭氛围。

很少有人的性格是绝对的外向或者绝对的内向，一般都会兼有内向和外向两种特征，内向和外向也没有绝对的好坏之分，各有利弊，孩子也不例外。所以，父母要了解自己孩子的性格特征，了解孩子“害羞”的真实原因，并对症下药。

同时，父母在安全合理的前提下，要给予孩子自由发展的空间，不要过多干涉孩子的行为；要认识到对孩子的溺爱、娇宠，只会造成孩子怯懦和任性的性格；只有教育得当，才能使年幼的孩子健康成长。

点评：关于如何育儿，父母要学习一些正确的基本常识，并经常交流如何做更好，和孩子一起成长，这才是一个温馨的家庭氛围。

锦囊2．不要给孩子贴上“害羞”和“胆小”的标签。

不要给孩子贴上“认生”“害羞”“胆小”和“自闭”等标签，因为这会在潜移默化中强调孩子是这样的人，会让孩子以为自己就是这样的，造成心理上的压力。无论跟对方如何熟络，在孩子还没有准备好的时候，不要敦促孩子马上消除戒备，更不能要求孩子见到谁都落落大方地打招呼，因为除了考虑孩子的认知度有一个成长的过程，还要考虑社会安全的问题。在适当的时候提醒孩子注意交友安全也是必要的，但没有必要在孩子面前过多渲染恐怖气氛。

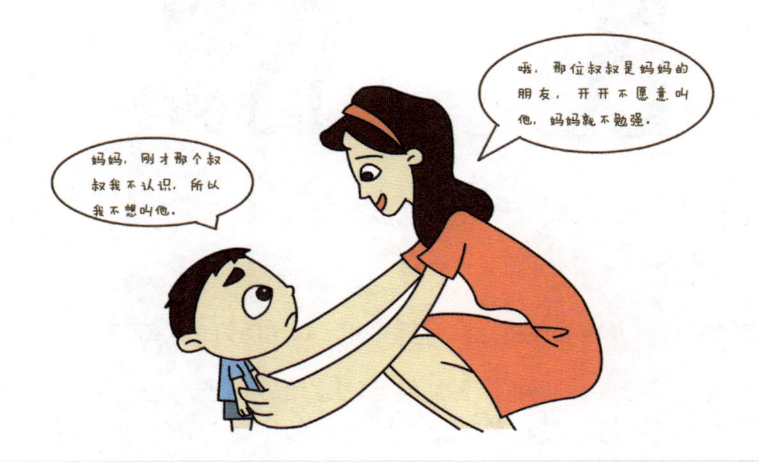

点评：当孩子表现得胆小时，家长要了解情况，不要过于着急，更不能斥责；要认识到这只是孩子成长过程中的一个正常现象，慢慢引导并给孩子时间去适应。如果父母只是一味地说“你怎么这么胆小、这么没出息呀”，只会让孩子反感和抵触。

锦囊3. 父母要以身作则。

父母要以身作则，以实际行动告诉孩子什么是礼貌行为，而不是用说教的方式。同时，给孩子一个适应的过程，因为成长是需要时间的；每个孩子情况也不一样，更不要去和其他人家的孩子作比较。盲目比较并抱怨自家的孩子不如他人，会给孩子造成心理压力而使其失去与人交往的自信心。

点评：父母用有礼貌的语言和行动来告诉孩子什么是“打招呼”，这就是榜样的作用。

锦囊4. 培养孩子的独立性、坚强的毅力和良好的生活习惯。

平日里，父母要从小事着手，处处注意培养孩子的独立性、坚强的毅力和良好的生活习惯，鼓励孩子做力所能及的事情，让孩子逐渐学会自己照顾自己；当孩子遇到困难时，不要一味包办，而要让他尝试自己想办法解决。

当然，刚开始的时候，父母要予以必要的指导，让孩子慢慢学会自己处理各种事情，而不能一下子就不问不管，令孩子手足无措，变得胆小。父母要教给孩子一些正确与人交往的经验，如分享、等待和尊重他人等；同时懂得如何维护自己的权利；培养孩子的自尊心和自信心，并在时机成熟的时候，充分放权，鼓励孩子独立。

点评：哥哥帮助妹妹，不但温馨和友爱，也锻炼孩子的生活能力。如果家里只有一个孩子的，父母应该鼓励他多帮助其他的小朋友。

锦囊5．父母要有耐心，给予孩子高质量的陪伴。

父母再忙，也要多耐心陪伴孩子，比如和孩子一起阅读绘本、讲故事给孩子听；与孩子一起进行唱歌、做手工、交友等有益的活动；带孩子到大自然中去，让孩子开阔视野，勇于探索。

点评：父母的陪伴，尤其有了父亲的加入，和睦的家庭氛围将给予孩子健康成长的力量。

锦囊6．多给孩子提供与同龄人接触的机会，鼓励孩子探索世界。

父母要多给孩子提供与同龄人接触的机会，让孩子多接触外界事物，鼓励孩子去探索与尝试，从实践中培养孩子的勇敢精神。比如，父母可以多带孩子到各种集体场合，让孩子在生活中学会如何与人交往。

最主要的是，父母要给孩子创造机会，让他多和同龄伙伴接触：可以有意识地邀请孩子的一些朋友到家中来，让他做小主人；帮助孩子结交新朋友，慢慢扩大他的交友范围。

点评：给孩子创造更多的外出机会、更多的和别人交流的机会，这有助于孩子养成落落大方的好性格。

锦囊7．帮助孩子渡过被其他小朋友拒绝交往的难关。

当孩子被其他小朋友拒绝的时候，父母可以告诉孩子：“妈妈小时候也遇到过小朋友不和妈妈玩的事情。不是每个人都会喜欢自己，自己也不必喜欢每一个人，可以去找其他小朋友玩。”当这种情况发生的时候，父母应该陪伴自己的孩子，帮助孩子分析情况并给予合适的建议；可以与孩子一起玩游戏等，让孩子忘掉这样的不愉快。

点评：父母只有耐心地了解情况，在理解和尊重的前提下，才能真正与孩子一起面对并解决问题。

锦囊8．当孩子有了良好的表现，父母应当及时鼓励。

父母对于孩子不要过多苛求，应对其具体的良好行为给予鼓励。

孩子在成长过程中犯错是家常便饭，如果父母过多地指责孩子，孩子就有可能会怀疑自己，并害怕犯错误。为了避免犯错，孩子就会做得越少越好，说得越少越好，甚至讨好父母，变得越来越不敢表达自己，变得懦弱和胆怯。

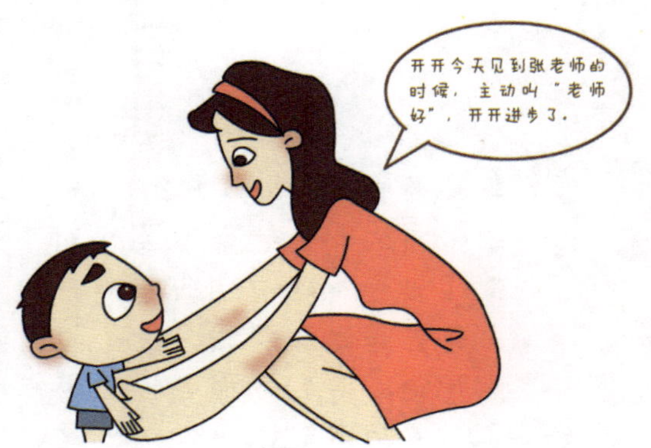

点评：父母对孩子具体的良好行为进行鼓励，能够让孩子明白他哪儿进步了，是如何进步的。

又快到9月“入园季”了，初上幼儿园的心心怎样才能适应幼儿园的生活呢?

我的心心3岁，刚上幼儿园。我每天送她去幼儿园的路上她都要哭，到了教室的门口就不让我走，还说让我陪她一起上幼儿园。晚上我去接她的时候，总是问我为什么早上要离开她。看到她那可怜的模样，我的心都疼了，不知道应该怎么办。

卢欣老师说早教

每年一到9月份的“新生入园季”，幼儿园的大门口或者是教室的门口时常会呈现出一场“混战”：哭闹着不肯上幼儿园、拉着妈妈的手不让妈妈走的孩子；不舍得孙子上幼儿园、哭得比孩子还伤心的爷爷奶奶。更有甚者，有些孩子由于不能适应幼儿园的生活，出现了各种不适的状况，比如在幼儿园呕吐、打其他小朋友生病，等等。但是，也有的小朋友很快就能适应并喜欢幼儿园的生活，能够跟老师和其他小同学友好相处，玩游戏，唱歌跳舞；回到家还能眉飞色舞地跟爷爷奶奶、爸爸妈妈讲述幼儿园的有趣故事。

的确，能够适应幼儿园生活的孩子不但认识了很多老师和新朋友，还能体验到一个更加丰富多彩的学习和玩耍的空间。幼儿园的集体生活对于每一个幼儿来说都是弥足珍贵的，尤其是3岁的孩子，正处在社交敏感期阶段，处在其认知能力、语言表达能力和身体运动能力等全面快速发展的阶段，幼儿园的学习和生活就提供了这样一个成长的绝佳机会。

那么，怎样才能让初上幼儿园的孩子能够顺利并快速地适应幼儿园的生活呢?

一、送给爸爸妈妈的锦囊妙计

如果希望孩子能够在幼儿园顺顺利利地学习和生活，父母以及家里的老人首先就要克服自己过分担心孩子的焦虑心态。这就要求大人们要相信孩子有较强的适应力，并保持与幼儿园老师的沟通，及时了解孩子在幼儿园的情况。在家里，家长不要对孩子进行负面的心理暗示，比如当着孩子面儿说“你还不会自己吃饭，到了幼儿园该怎么办”等诸如此类的话，因为这会让孩子觉得幼儿园很恐怖，从而对幼儿园产生抵触心理。

父母在保证自己的心态是健康的前提下，就要着手准备对孩子进行上幼儿园之前的心理培训，同时在孩子上幼儿园期间也要保持与孩子和老师

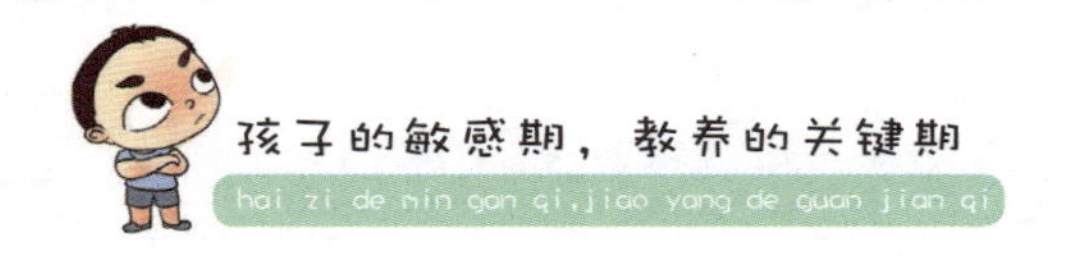

的沟通与交流。

以下的建议仅供父母参考，希望对大家有所帮助，同时大家可以根据自己孩子的实际情况进行调整。

锦囊1. 孩子上幼儿园的最佳时间：3岁左右。

一些父母由于工作忙或者主观上认为孩子应该早点学习知识，就将不满3岁的孩子送到幼儿园，但这对于还不具备基本生活能力、还不能表达自己所需的幼儿来讲，无疑是一场灾难。

0～3岁这个阶段，孩子正处在“安全感”的关键时期，良好的亲子关系对孩子的健康成长举足轻重。如果强行与妈妈分离，3岁前的孩子无法理解这种暂时分离，在缺乏安全感的状况下，孩子会产生一种被抛弃的恐惧感，容易变得情绪不稳、暴躁、亲情冷漠、胆小和易生病，从而导致无法正常与人交往，造成社交障碍，甚至会给成年后的生活和事业带来负面的影响。而过早地学习知识，尤其是一些灌输式的知识学习，幼儿不但无法理解，也会忘得很快，最糟糕的是对孩子来说非常重要的想象力也会被破坏。

点评：对于绝大多数孩子来说，3岁左右上幼儿园比较合适，因为孩子这个时候已经比较容易接受与父母的暂时分离，懂得如何与同伴交往。

有少数的孩子在2.5岁时上幼儿园也能够适应，但前提必须是与父母分离时没有强烈的焦虑情绪，能够基本控制大小便，能够表达自己的需要，并理解他人的一些要求。有的父母担心孩子“内向”而无法适应幼儿园的生活，所以希望孩子3.5岁之后再上幼儿园，这也没必要，父母要相信孩子在社交敏感期阶段自我成长的力量，到了上幼儿园的适龄阶段就不要错过幼儿园的集体生活。

锦囊2. 对孩子进行上幼儿园之前的心理训练。

一些孩子之所以不愿上幼儿园，是因为幼儿园的环境和家里是完全不一样的。在幼儿园，孩子没有了爷爷奶奶和爸爸妈妈的呵护，身边是不熟悉的小朋友和老师，还要遵守各种幼儿园的纪律等，如果事先没有任何的心理准备，遇到突如其来的与家里完全不同的生活环境，一些孩子在心理上就有可能出现落差而无法适应。所以，父母很有必要对孩子进行上幼儿园之前的心理训练，以帮助他尽快适应新生活。

（1）带孩子参观幼儿园。

为了消除孩子对入园的恐惧心理，父母在孩子入园前，要做好充分的准备，多带孩子接触家庭以外的世界，开学前多带孩子到他准备去的幼儿园参观、玩耍，让孩子对陌生的环境不再害怕。要让孩子感觉到，幼儿园是一个美好的地方，让孩子逐渐建立起“幼儿园”的概念。多和已上幼儿园的大孩子接触，听大孩子说幼儿园的故事；鼓励孩子与同龄的小伙伴玩，以培养他们的交往能力。

点评：父母带孩子到实地考察，熟悉幼儿园的周边环境。

（2）把上幼儿园当成一件喜事。

父母把孩子要准备入园当作家里的一件喜事来讨论，让孩子觉得上幼儿园是件很高兴的事儿，非常值得期待并将充满无穷的乐趣；要时常给孩子描述幼儿园的有趣之处，比如上幼儿园可以认识新朋友、可以跟老师学本领、有很多好玩的游戏，等等。

点评：亲子阅读是一个非常好的方法，可以帮孩子事先熟悉幼儿园的相关事物。

（3）在家做模拟上幼儿园的游戏。

在参观幼儿园、了解幼儿园里的日常要求和活动内容后，父母在家可以和孩子一起玩“在幼儿园上课”等模拟游戏，比如父母扮成老师，孩子当学生；也可以倒过来玩，让孩子来扮演老师，父母扮成孩子。通过有趣的游戏互动来增加孩子对于幼儿园的感性认识。这样可以让孩子了解幼儿园的规则和生活，帮助他快速适应上幼儿园之后的新生活。

点评：通过生动有趣的互动游戏，孩子在“寓教于乐”之中理解了幼儿园的规章制度。

（4）参加幼儿园的亲子课。

不少幼儿园会举办新生上幼儿园之前的“观摩课”，父母可以带孩子参加，一是熟悉新环境，二是让孩子对幼儿园到底是怎样的有个初步的整体印象。

点评：通过幼儿园老师的讲解，孩子开始熟悉老师和幼儿园的学习与游乐设施。

锦囊3. 孩子上幼儿园之前的睡眠训练。

选择好幼儿园后，家长应详细了解幼儿园的作息制度，如：早上入园时间，上、下午吃点心的时间，午餐时间，午睡时间等。在孩子入园前的两三个月或者提前半年，逐步把孩子在家的作息习惯调整到与幼儿园一致，主要包括：早睡早起，每天午睡以及独立入睡。

点评：按照幼儿园的作息时间训练孩子。孩子养成固定的、良好的生活习惯，有助于其保持一份愉快的好心情去适应幼儿园的生活。

锦囊4．上幼儿园之前的吃饭训练。

（1）训练孩子自己吃饭。

父母不给孩子喂饭，保持耐心并鼓励孩子自己吃。孩子吃得好时要及时鼓励，让他对自己有信心。

点评： 不仅是在上幼儿园之前，平时就要培养孩子逐步养成自己吃饭的好习惯。

（2）固定的时间和地点。

吃饭时间要固定，而且要求孩子一定要坐在餐桌旁吃饭。孩子不能边看电视边吃饭或边玩边吃饭，吃饭的时候不能随意走动。

点评： 父母要以身作则，并以坚定而温和的语气告诉孩子吃饭的简单规则。

（3）不偏食，不挑食。

如果家中的食物品种单一，孩子的口味往往也就比较单一，碰到自己没有吃过的东西就很难接受。所以父母要尽量多做一些花样，鼓励孩子尝试不同的食物，并适当吃一些适龄的、纤维较粗的食物，比如玉米、黄豆、土豆等。

点评：多样化的食物不但对孩子的健康有利，还让孩子上幼儿园之后能够适应更多不同口味的饭菜。

锦囊5．孩子的如厕训练。

父母要让孩子养成定时大便的习惯，同时训练孩子自己脱、穿裤子。幼儿园开学的时候，天气还不冷，孩子一般穿的是单裤，自己脱、穿裤子不会有什么问题；入冬后，穿得较厚了，可以告诉孩子当上厕所脱、穿裤子有困难时要找老师帮忙。

点评：如果孩子在幼儿园能够自己顺利如厕并脱、穿裤子，这将增强孩子独立生活的信心。

锦囊6．孩子的穿衣训练。

（1）认识衣服。

教孩子认识自己的衣服，分清上下、前后、左右。

点评：训练穿衣的同时，还可以帮助孩子分清楚左右前后的方向。

（2）穿、脱衣服。

孩子在幼儿园穿的衣服和鞋一定要舒适、安全和方便穿脱；如果穿脱过于烦琐，会给孩子增加很多困难。父母要把那些不易穿脱的裙子和背带裤收起来；不要给男孩穿前门襟装拉链的裤子，以免夹伤生殖器；不要给孩子穿带有绳子的连衣帽、围巾，以防孩子的脖子被绳子或围巾缠住。另外，需要准备一两套内衣裤放在幼儿园， 因为孩子年龄小，以备万一尿裤子的时候换用。

点评：孩子的衣服和鞋子一定要保证安全和方便穿脱，这样才有利于孩子顺利适应幼儿园的新生活。

锦囊7．孩子的语言表达训练。

初上幼儿园的孩子会遇到不少平时在家里碰不到的困难。父母要告诉孩子：如果自己解决不了，就要向老师寻求帮助。那么，孩子如何表达自己的要求就显得很重要了。

以下这些表达是孩子需要会的，父母可以根据实际情况进行添加或删减。

（1）“老师，我还想再多吃一点儿/老师，我不饿，少吃一点儿。”

（2）“老师，我身体不舒服/我这里出血了。”在这里，要告诉孩子用手指出具体不舒服或者疼痛的位置，以便老师及时了解情况。

（3）“老师，我不小心拉粑粑到裤子里了/尿裤子了，请帮我换条裤子。”

（4）“老师，我想拉粑粑。”

（5）“老师，我穿不上我的衣服/我的鞋子。”

（6）“老师，我告诉他不要打我，但他不听。”有时候，孩子与小朋友有纷争了，无法自己解决，就需要老师的帮忙了。

点评：父母可以通过游戏互动的形式或者绘本阅读来帮助孩子练习在幼儿园如何表达自己的需求，这既锻炼了孩子的语言能力，也提升了孩子解决问题的能力。

锦囊8. 随身物品的准备。

上幼儿园之前，父母带孩子一起去商店挑一个可爱的小书包，在书包表面绣上或写上孩子的名字，利于老师辨认。对于刚入园的孩子来说，书包里装些什么是无所谓的，只要每天能背着心爱的书包上幼儿园，他就有一种成就感。

幼儿园一般都允许初入园的孩子带一两件自己特别喜欢的玩具。手里拿着自己熟悉的东西，孩子会有一定的安全感。让孩子挑选自己喜欢的、体积适中、无尖锐凸起、表面光滑或柔软的玩具，2～3个轮流带去玩。

点评：有了心爱的随身物品的陪伴，孩子上幼儿园的心情自然会放松很多。

性别敏感期（3~5岁）
性别意识和自我保护意识建立的重要时期

性别意识是孩子形成自我保护意识的一个重要组成部分。孩子从出生起就通过各种方式积极地探索并认识自己的身体器官，通过对身体器官的探索以及通过与别人的交往，逐步建立了自我保护意识和对性别的理解。在经历过生命最初几年的成长之后，孩子的性别意识逐渐增强，在3～5岁这个阶段，孩子进入性别敏感期，会对自己的父母或小伙伴等产生好感，这种好感是孩子对异性的最初认识，也是开始探索人类情感世界的表现。

什么是性别敏感期？

当孩子说要和自己的爸爸妈妈或者幼儿园的小朋友结婚的时候，作为父母的你知道如何面对孩子的“性别敏感期”吗？现在就让我们一起来探索这个有趣的话题吧！

随着孩子性别意识的加强，3～5岁的孩子开始有了性的意识。有的小男孩会对妈妈的“咪咪”非常感兴趣；有的说要和自己的爸爸妈妈或者幼儿园的小伙伴结婚；有的会问自己是从哪里来的；等等。这个时候，孩子就进入了“性别敏感期”。

那么，当父母碰到孩子各种各样的有关“性”的问题的时候，是回避还是积极面对呢？长期以来，性教育是很多家庭的禁区，父母不想谈或者不知道如何跟孩子谈，所以很多家庭中关于儿童性教育的话题一直是处于“关闭状态”的。

但是，由于父母是孩子接触的第一个异性，父母的态度决定了将来孩子对配偶的态度，以及是否能与异性和谐相处。如果孩子在“性别敏感期”阶段能够得到父母积极正面的引导，比如让孩子了解一些基本的身体安全规则、懂得如何保护自己的身体、在面对各种性侵犯的时候勇敢说“不”，让孩子了解他们身体结构的名称、学会与父母就这方面的问题进行良好沟通，那么孩子就会很顺利地度过青春期，从而拥有健康的性心理。这对孩子成年后组建自己的家庭生活也有着积极正面的影响。

为人父母，到底应该怎么做，才能为孩子顺利地开启性教育之门呢？

一、父母应该多了解孩子在性别敏感期中常有的表现

1. 孩子要和父母或者小伙伴结婚。

点评： 最早孩子要和父母结婚；上了幼儿园，有的喜欢老师，并想和老师结婚；之后会“爱上”一个自己喜欢的小伙伴……这实际上是孩子对性别所产生的一种认识。当3~5岁的孩子说要找男女朋友或要结婚的这类问题，父母不必太担心，反而应该高兴，因为这是孩子到了性别敏感期、进入了正常的发育期、正式开始探索人类情感世界的表现。

遇到这样的情况，父母可以很耐心地告诉孩子：“结婚要跟自己最爱的人结。你现在最爱的是爸爸、妈妈或者班上的小伙伴，这是很美好的友谊和感情；等你将来长大了，会遇到你更爱的、愿意结婚的人。”

2. 非常关注自己的性器官。

点评： 孩子在出生的时候就是有性别的，但是由于幼儿的认知有限，他们的行为是不受性别意识支配的。随着年龄增长，孩子开始不断探索周围的环境，其中就包括对自己身体的探索。在对自己身体器官的探索以及和他人的交往中，孩子逐渐建立了自我意识和对性别的理解。所以这种探索是健康的，父母没有必要让孩子感到“害羞”，必要的时候给予孩子一定的正确引导就可以了。

3. 喜欢探讨“我是怎么来的”“谁能生宝宝”等话题。

点评： 当面对孩子提出的诸如“我是怎么来的”这类有关性别的问题时，父母不用感到不好意思，因为孩子能够提出这样的问题，表明他开始探索人类身体的功能，希望对自己的性别有所理解。父母需要做的就是用孩子能够理解的方式，比如绘本和游戏让孩子明白有关性别的问题。

4. 孩子关注自己的外形和有关异性的话题。

点评：孩子开始关注自己的外表，并对漂亮的异性感兴趣，这些都是正常的心理活动。父母在与孩子一起欣赏美的同时，可以引导孩子：真正的美不仅是外表，还有内心的美好。

5. 孩子喜欢摸妈妈的乳房。

点评： 吃奶的小婴儿摸着妈妈的乳房，有种安全感，这是正常的。但是对于3岁以上的孩子来说，再这么做就不太合适了，有些妈妈担心孩子“性早熟”，这种担心也可以理解。所以，父母要做的就是不要指责孩子，而要多陪伴，比如和孩子玩游戏或者阅读有关方面知识的绘本，让孩子通过其他途径获得精神上的快乐和安全，这样孩子慢慢就会摆脱对妈妈乳房的依恋了。

在性别敏感期阶段，如果想做到“既不过多干涉孩子探索的过程，又适当地自然引导孩子，帮助孩子成长”，父母就要了解这一敏感期的特点，保持学习和观察的状态，并耐心地对待孩子所表现出的各种状况。

二、父母应该如何应对孩子的性别敏感期呢

1. 正确引导孩子探索情感世界。

点评： 当遇到孩子问自己是从哪里来的时候，父母可以用幽默的故事、绘本或儿童科普动画片为孩子做简单的讲解，告诉孩子爸爸妈妈为什么会结婚、为什么有了你；当遇到年幼的孩子讨论男女朋友的问题的时候，父母应该认可孩子的做法，让孩子不会对这件事感到害羞或恐惧，同时跟孩子强调他这个阶段的“男女朋友”其实是一种友谊和友爱的体现。

父母越包容越开明，孩子就越能体会到自己和父母之间的爱以及与小朋友之间的纯洁友谊。

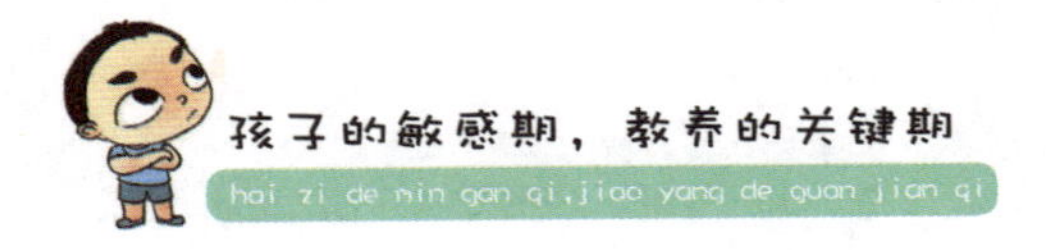

2. 不要干扰孩子对自己身体的探索，但要做必要的引导。

点评：孩子在探索自己身体的时候，父母不要打扰；当孩子提出与身体有关的问题的时候，父母要以积极的态度引导孩子建立正确的性别概念，不要让孩子为他的探索感到羞耻。

3. 跟孩子分床睡，父母穿着不要太暴露。

点评：随着孩子的成长，父母和孩子分床睡就要提到家庭的议事日程上来了，尤其对于那些3岁以上还依恋母亲的乳房的孩子来说，这也是一个解决问题的办法。但是分床睡并不是越早越好，这要根据每个孩子的性格、成长速度、家庭养育情况等做相应的调整；分床睡太晚也不行，比如迟过5岁就有可能造成孩子的心理问题。

刚开始分床睡的时候，父母不能马上将孩子一个人扔在房间里，而是应该有一个过程，尤其是有的孩子晚上会醒来上厕所，父母要全程陪伴；也不要随意嘲笑孩子胆小，不敢一个人睡。父母要让孩子时刻感受到分床睡时父母并没有减少对他的爱。

另外，父母在孩子面前不要穿着太暴露，尤其是到了夏天，爸爸不要随意赤裸上身，妈妈也不要只穿着一个小吊带睡衣就在家里走来走去。

4. 建立与孩子的信任关系和密切沟通的渠道。

点评：孩子渐渐长大了，心中多少都会有一些小秘密，有的遭到性侵却不敢跟父母说。所以，父母要保持与孩子每天的沟通和分享，认真对待孩子提出的各种问题并真诚解答，建立与孩子的信任关系，及时了解孩子的各种情况和心理动态，以便给予孩子必要的帮助。

5. 教会孩子身体的名称并强调隐私部位。

点评：对于年幼的孩子来说，不必有过于复杂和严格的要求，只要设定一些简单的规则和简单的做法，并在生活中反复强调让孩子去遵守就可以了。最主要的原则就是：孩子可以有自己的“男女朋友”，但是要懂得保护自己的身体，穿好衣服，不能让别人触摸自己的隐私部位，同时也不能碰触他人的隐私部位。有什么问题，一定要告诉爸爸妈妈。

无论处于性别敏感期的孩子遇到什么样的问题，父母都应该耐心应对，不要回避问题，并用真诚的态度尊重孩子，与孩子讨论，帮助孩子建立正确的性别观念，让孩子懂得在保护自己身体的同时也要尊重其他人的身体。

最后的总结：

父母在孩子的性别敏感期阶段面临的是如何让孩子得到一些基础的性教育常识。所以父母要保持开明和真诚的态度，随时保持与孩子的良好沟通，让孩子感受到父母的婚姻是一件美好的事情，爱情和友情都是美好的。孩子既要懂得保护自己的身体隐私部位，也要懂得尊重他人的身体隐私部位。最重要的是，父母要帮助孩子树立正确的性别意识，养成良好的行为举止，这对于孩子成年后树立正确的婚姻观，以及未来组建自己的幸福小家庭有着举足轻重的作用。

阅读敏感期（3~5.5岁）养成良好阅读习惯的重要时期

孩子的“阅读敏感期”多发生在3～5.5岁。这时期的孩子对阅读产生了浓厚的兴趣：他们的想象力十分丰富，喜欢听故事，喜欢反复阅读同一本书……孩子在阅读敏感期所表现出来的对图片前所未有的喜爱、对阅读内容积极主动探索的态度，都表明孩子开始有了自主阅读和学习的兴趣与能力，父母要充分认识到孩子这一时期的特点，培养孩子良好的阅读习惯，引导孩子爱上阅读。

抓住孩子的“阅读敏感期”，让阅读变得更加高效！

孩子打架骂人、爱发脾气、注意力不集中、不爱学习、生活懒散等一大堆的坏毛病、屡教不改，怎么办？阅读吧！阅读，不仅让孩子变得更聪明、更有智慧，而且更重要的是可以铸造孩子高尚的灵魂，成就孩子一生的幸福！

我们每一个人在儿童时期都希望能在爸爸妈妈的陪伴下去探索大自然，去感受那鸟语花香的大千世界，去放飞自己的心情，体验自然界的奇妙；如果再有爸爸妈妈为我们读书、讲故事，去感受故事里那点点滴滴的趣味情节，去享受父母温柔的声音和温暖的怀抱，去拥抱那扑面而来的书墨香气，那该是一件多么美妙和愉悦的事情啊！这种幸福的感觉将伴随我们一生！

所以，一个孩子的健康成长，与童年时父母高质量的陪伴、阅读、探索大自然和养成良好的生活习惯息息相关。而亲子阅读就是成就孩子一生幸福的重要法宝之一！

正如我们在前面的章节中谈到的所有敏感期一样，孩子的阅读也有“敏感期”！孩子的“阅读敏感期”多发生在3～5.5岁，这时期的孩子对阅读产生了浓厚的兴趣：他们的想象力十分丰富，喜欢听故事，也喜欢自编故事讲给父母和其他孩子听；他们喜欢反复阅读同一本书，并喜欢翻阅各种不同的书籍，对书籍充满无限的好奇心；他们开始对图书中的文字和发音感兴趣，并尝试能够自己读出来。

孩子在阅读敏感期所表现出来的对图书前所未有的喜爱，对阅读内容的积极主动探索的态度，都表明了孩子开始有了自主阅读和学习的兴趣与能力，而兴趣是让孩子进行主动学习和自我提升的重要动力之一。如果父母能够充分认识到孩子这一时期的特点，把握孩子主动阅读的兴趣和积极信号，让孩子在兴趣中得到更大的乐趣，同时养成持之以恒的良好阅读和生活习惯，孩子的阅读能力就将得到高速的发展。一个对阅读有着浓厚兴趣和养成良好阅读习惯的孩子，他的人生路一定会走得坚定而踏实，一定有能力去创造自己一生的幸福生活。

那么，父母如何做，才能让孩子获得真正的、更高效的阅读能力呢？ 我们在这里分两部分来讲解这个问题。

一、亲子阅读最容易掉进去的20个“大坑”，父母必须要知道

现在越来越多的父母在理论上都很清楚：早期阅读不仅可以让孩子获得知识和开阔视野，促进他们想象力及表达能力的发展与提高，还能使孩子获得情感、社会性、良好学习习惯等方面的发展。但是一到实践中，一些父母由于不了解幼儿阅读的特点而忽略了孩子的正常需求和发展，从而导致孩子错过爱上阅读的大好时光；而更多的父母却是由于过于焦虑和持有过高的期望值，太希望年幼的孩子通过阅读成为一名“神童”去赢得“辉煌的未来”，于是将轻松又有趣的阅读当成了孩子知识学习的“跳板”，让孩子承受了很大的精神压力。孩子不但没有体会到阅读的魅力，反而厌恶阅读。所以，父母的方法不对，孩子就会对阅读产生抵触情绪，好事也变成了坏事。

以下是父母在亲子阅读中最容易掉进去的20个“大坑”，这些“大坑”会破坏孩子的阅读兴趣，造成孩子不良的阅读习惯，从而导致不良的学习习惯，对未来的学习和各种能力的提升产生负面影响。请看看你自己中招了吗？

1．认为0岁的孩子无法阅读。

点评： 虽然孩子的阅读敏感期是3~5.5岁，但是父母没必要非得等到孩子到了这个敏感期的时候才让他们接触阅读。其实，早期阅读从孩子是胎宝宝时就可以开始了，就像给宝宝唱歌一样，妈妈可以给宝宝读很多故事。婴儿啃书、玩书和翻书，听父母讲故事，凭色彩、图像和成人的言语来理解以图为主的低幼儿童读物的所有活动，都是早期阅读。

在3岁之前的低幼阶段，父母培养孩子对阅读的兴趣，以及带着孩子一起看书的乐趣，这一意义远胜父母通常认为的“知识学习”。因为当宝宝在襁褓中或者坐在你的大腿上听你大声朗读时，他不仅在欣赏书籍，也在享受着跟爸爸妈妈之间的互动交流。当孩子听到爸爸妈妈温柔的声音时，他感受到的是你一心一意为他带来的安全感，这将为孩子语言的发展以及阅读敏感期时爆发的阅读能力打下良好的基础。

2. 认为阅读只是孩子的事情，父母在一旁只顾自己的私事。

点评： 上班已经很累了，下了班还要给孩子讲故事、读书，有些父母就觉得很麻烦，把书丢给孩子，让他自己看；还有的父母在孩子拿起书本希望和父母一起分享的时候，自己却拿着手机刷朋友圈、看电视、玩游戏等，这样的行为简直犹如一盆凉水从头浇到脚，会浇灭孩子阅读的热情之火。

的确，父母工作的压力和辛劳都是可以被理解的。但是，相比漫漫人生路，父母陪伴0～6岁的孩子进行亲子阅读又能有多少年呢？看到孩子在亲子阅读中所产生的阅读兴趣和建立的良好阅读习惯，以及感受到的亲情和安全感，父母所有的付出都是很值的。

如果想让孩子爱上阅读，父母就要先做热爱读书的表率。如果父母整天在孩子面前拿着手机刷个不停、玩电子游戏、从来不看书，那么又怎么能要求孩子也喜爱阅读呢？所以，家庭良好的阅读环境和氛围对培养孩子的阅读兴趣真的很重要。

3. 让孩子以电子阅读代替书本阅读。

点评： 不少父母虽然理解阅读的重要性，却往往过早和过多地让孩子接触“电子阅读”，以取代纸质书的阅读。电视、电脑和手机等电子产品提供的内容对年幼的孩子来说，弊远远大于利。

这些电子内容对宝宝有着极大的诱惑力，其鲜艳的色彩、变化的画面、动听的音乐不断地刺激宝宝的大脑，所以爱看电视和电脑的宝宝对不如电子内容“绚丽”的纸质书就失去了兴趣。但是，电子设备所传播的信息大多是片段式、跳跃式的，宝宝只是在被动接受“电子知识”。长此以往，宝宝主动思考的能力、想象能力和创造能力必然会受到破坏，最终导致宝宝对读书和学习不感兴趣。

4. 对孩子要求阅读的数量，认为反复读一本书没意义。

点评：作为成年人，当读到一篇有趣的文章或者一部优秀的文学作品的时候，我们都禁不住会反复多看几遍，细细咀嚼和体会其中美妙的文字和吸引人的情节，并从中得到情感上的满足。大人如此，更何况是年幼的孩子呢！当幼儿接触到他喜欢的故事和绘本，要求父母为他反复读同一个故事的时候，每读一次他对这个故事的感受和体验都将比前一次更进一步，这有利于提高孩子的观察力、思考力、记忆力、欣赏力、理解力和想象力。这不但能增强孩子的参与感，还能帮助孩子提升语言表达能力，逐渐地，他就会用自己的语言描述自己反复听到的故事和看到的画面，然后日积月累到了一定的阶段，由量变到质变，孩子就将过渡到自己阅读的阶段了。

所以，当幼儿希望父母反复讲同一个故事、不断重复阅读同一本故事书的时候，父母应该耐心地陪伴他，让孩子每一次都能够有自己的新发现。如果父母只为了追求阅读的数量，而不注重孩子读同一本书的阅读感受，孩子就无法真正理解和消化阅读的内容，从而造成阅读障碍。如果养成了草草略过的不良阅读习惯，进入小学后，孩子的阅读障碍将影响到有关的知识学习，也就是欠缺观察与思考，最终将严重影响学习成绩。

5. 让孩子阅读的时间过长，阅读的速度太快。

点评： 由于幼儿的注意力有限，所以阅读时间要根据每一个孩子的具体情况来制定，并不是时间越长就越好。对于几个月大的宝宝，父母可能讲了几十秒的故事，宝宝就没有耐心听了，父母这个时候就需要停止；然后根据孩子的兴趣，一天可以多读几次。随着孩子年龄的增长，父母阅读的时间可以从原先的十几秒逐渐增加到几分钟，但仍然要根据孩子的兴趣来调整时间，而不是长时间阅读。当孩子表示出疲倦或者不想再听了，父母就不要再继续了，休息、游戏或者让孩子自己玩耍等。

亲子共读时，如果父母阅读速度过快，不给孩子观察、想象和思考的时间，那么孩子就无法真正理解阅读的内容。

6. 随意打断孩子的阅读。

点评：孩子认真阅读的时候，如果父母打断孩子并让他做其他的事情，比如吃水果等，就破坏了孩子欣赏图书的美好意境，破坏了孩子的专注力，也会让孩子感到烦躁，不利于孩子阅读能力的发展。

7. 用物质“贿赂”来刺激孩子的阅读。

点评：面对不愿意阅读的孩子，父母不是找出真正的原因并解决问题，而是直接采用买玩具、外出游玩、吃零食、给现金等物质“贿赂”来“激发”孩子的阅读兴趣。

但很多父母并没有意识到，故事本身就是送给孩子的最好礼物。如果父母用物质奖励让孩子读书，就相当于强迫孩子读书，一旦奖励结束，孩子就会停止阅读。如果孩子不是因为兴趣而读书，而只是因为礼物而读书，那么他能记得的也就只有礼物了。

这些父母之所以采用物质“贿赂”的手段，是因为他们过于急功近利，太看重短期利益，只关注孩子是否擅长阅读，却忽略了孩子是不是真正喜欢阅读。

与其采用这种短视而又粗暴的物质“贿赂”方式，不如智慧地运用“非物质”奖励的方式正确引导孩子阅读。这些“非物质”的奖励方式包括：为孩子营造一个充满浓郁书香味的家庭氛围，家里的大人都喜爱和讨论阅读；带孩子一起去图书馆；和孩子一起讨论一本书；一起玩书中的游戏；一起远足去探索故事里所谈到的神奇的大自然等。父母通过自身良好的阅读行为向孩子传递阅读的美妙和重要性，这些比用物质来强迫孩子达到父母所期望的“短期学习目的”要有意义得多，也真正能让孩子从阅读中得到乐趣，获得长期的阅读能力。

8. 阅读不分场合，打乱孩子的生活习惯。

点评： 孩子喜欢阅读当然很令人欣喜，但是良好的生活习惯对于孩子一生的健康成长举足轻重。孩子要有良好的行为规范，需要固定的作息时间，到了该吃饭和睡觉的时间就应该准时吃饭和睡觉。

有的父母没有和孩子固定好阅读的时间，导致孩子很晚都缠着父母讲故事，这对孩子的健康是很不利的，而且也不利于孩子良好学习习惯的养成；有的父母发现只要一讲故事，不好好吃饭的孩子就能安静吃饭，于是就在孩子吃饭的时候讲故事，这样不但容易分散孩子吃饭的专注力，造成孩子消化不良，影响孩子身体的健康，而且也不利于孩子养成良好的阅读习惯。

所以，请严格区分孩子的阅读时间和作息时间，这将有助于孩子养成良好的生活和学习习惯，对其一生的健康成长都有着最重要的意义。

9. 任由孩子随意破坏和涂画绘本。

点评：孩子喜欢撕书、啃书、在书上涂抹，都是很正常的行为，因为好奇心使得他们要做这样的尝试，他们也不懂这样做有什么不妥当。在这个时候，父母如何引导就显得很重要了。

婴儿在第一次接触绘本的时候，父母就应该用巧妙的方法帮助孩子建立爱护图书的意识。父母可以给孩子提供一些啃不烂、撕不烂的布书，满足其好奇心；准备一些柔软的碎纸满足孩子撕纸的好奇心；准备一些白纸给孩子涂抹。

但是对于纸质的图书，父母要告诉孩子“书是用来阅读的”；每次阅读完毕，父母都要把书放回书架，让孩子看到父母爱护书的良好行为；同时制定简单的原则，不允许孩子乱扔乱放和乱撕乱画图书，不允许坐在书上。只有这样，孩子才会养成对图书的爱护和尊重知识的好习惯，才能帮助孩子养成良好的生活和学习习惯。

10. 不顾孩子感受，只让孩子读父母挑选的书。

点评： 有些父母按照自己的偏好给孩子买书，不顾孩子是否喜欢，把自己的爱好强加在孩子的身上，导致在亲子共读过程中，孩子提不起兴趣，没有任何反应。父母白白浪费了时间，孩子也失去了对阅读的好奇心和专注力。

所以，除了不能让幼儿接触有暴力和色情等不良内容的读物之外，其他任何内容健康的书籍，只要孩子有兴趣并在他的理解范围之内的，父母就应该尊重孩子的阅读兴趣，给他们自己选择书籍的机会。

11. 只认西方读物，忽略中国绘本。

点评： 很多中国的父母以为国外进口的绘本都是优秀的，而国内的原创绘本内容质量不高，所以他们只给孩子读国外的绘本。其实，这是一种误解和偏见，国外的进口绘本中也有不少糟粕，希望父母能够认真鉴别。另外，近年来，国内的绘本作家非常努力，创作了不少优秀的原创绘本，只是在推广方面还欠缺力度，再加上中国绘本市场长期以来都被大量的外国绘本所占据，所以一些优秀的国产绘本至今还未被广大父母接受和认可。

事实上，一个人的文化底蕴和思想深度与他的母语文化程度有很大的关系。父母除了给孩子阅读一些优质的国外绘本、开阔孩子的视野之外，还应该在阅读中给孩子传递大量的中国优秀的传统文化和现代文化。让孩子从小了解祖国的文化，对本民族的文化有一种认同感，有一种民族自豪感，这样才能具备真正博大的胸怀。如果脱离了本民族的文化根基，孩子是无法健康成长的。

所以，父母应该花时间多了解一些中国的原创图画书，让孩子从这些优质的中国原创内容中汲取更多的成长力量！

12. 盲目迷信“分级阅读”。

点评：孩子在不同的年龄段对阅读的理解都是不同的，因此图画书的选择通常也是按照孩子的年龄和理解能力来进行的。但是这种年龄的分类既有生理上的年龄，也有真实的阅读年龄，阅读年龄比起生理年龄，更能衡量一个孩子的真实阅读水准。比如，一个3岁的孩子从来没有接触过任何书籍，那么他的阅读年龄就是0岁；但如果一个3岁的孩子已经能够理解5岁孩子阅读的内容，那么他的真实阅读年龄就是5岁。

另外，现在很多的国外绘本分级阅读是按照外国小朋友的年龄来划分的。由于成长环境不一样，适合国外孩子的分级阅读不一定就适合国内的孩子。所以，父母在为孩子购买书籍的时候，一定要考虑孩子的理解能力和兴趣。

13. 认为阅读就是读经典书籍。

点评：的确，选名家的经典作品是孩子阅读选择的好方法之一，但并不是只有名家的作品才适合阅读。只要是充满了阳光、温暖和正能量的图书，并且也是孩子能够理解和喜欢的，孩子就都能阅读。

父母需要警惕的是，对于一些对名著和经典进行改编的缩写本的选择一定要慎重。之所以要改编和缩写，就是因为原著还太不适合孩子阅读，而经过改编和缩写的经典作品也很容易偏离原著的意境，所以父母应该结合孩子的年龄和理解力为孩子选择相应的图书，而不要盲目迷信经典的缩写本。

14. 只让孩子读虚构类的故事书。

点评：故事书通常有虚构类和非虚构类两种不同的文学体裁。这两种不同体裁的阅读方法也不同。

大多数的图画书都是属于虚构类的。但是随着孩子的年龄和阅读理解能力的增长，针对自然和社会现象提出的问题也越来越多，比如“雨后为什么有彩虹”等科学问题，又比如“为什么外国的小朋友跟我们讲的是不一样的语言”等人文问题。在这种情况下，虚构的故事书就无法再满足孩子的好奇心和阅读需求了。

所以，父母要帮助孩子合理搭配阅读资源，不能只让孩子阅读虚构的故事书，而是应该根据孩子的成长发展特点，增加非虚构的自然科学和社会科学题材的故事书，对孩子进行阅读启发，让孩子的知识体系得到全面平衡的发展。

15. 急功近利，以为让孩子阅读就是学习和认字。

点评： 不少父母希望通过绘本阅读教会年幼的孩子认字，这种想法并不是完全没有道理。因为通过阅读，孩子的确可以逐渐获得一些生活和学习方面的知识，包括认字。但认字并不是阅读的重点，更不是一项强制性的严肃任务。

如果父母把阅读作为识字的唯一重要手段，给幼儿规定每天读书的页数和认字的数量，强制孩子阅读和学习“知识”，这就违背了幼儿“寓教于乐”的学习特点，让有趣的阅读变成了强制孩子被动接受“知识”的过程。这不但毁灭了孩子的想象力，剥夺了亲子阅读中孩子本该拥有的温馨、安全感和心灵慰藉，剥夺了孩子主动体验阅读的能力，还会让他承受这个年龄不该有的阅读压力，导致孩子厌恶阅读，失去阅读兴趣。

16. 认为阅读就是说教和讲大道理。

点评： 很多父母在讲完故事之后，喜欢提问孩子：这本书到底告诉了我们一个什么道理？有的父母不但提问孩子"故事有什么启示"，还会自己提炼中心思想传递给年幼的孩子，把阅读作为说教和讲大道理的工具，似乎只有这样做才能发挥绘本阅读的巨大价值。但这样的阅读方式是错误的。

有些父母可能会问：为孩子讲故事，不就是要让他们明白事理吗？这也有错？

当然，通过绘本阅读，让孩子明白事理，这没有错，因为好的绘本都会很自然地蕴含着做人与做事的道理，但是错就错在父母的方式方法上。由于幼儿的认知能力有限，每次父母讲完故事，急着提问孩子故事的意义，幼小的孩子能够明白什么是意义吗？谁又能确保他们就完全听懂了整个故事呢？要求幼儿谈论故事的启示，这个难度太大了，既不符合幼儿的阅读特点，也会让孩子失去阅读的乐趣。

其实，早期阅读对于孩子来说，能让他们津津乐道的并不是书中的深藏的大道理，而是有趣的故事情节。让他们开心的可能是某句话，可能是某个可爱的表情和动作，也可能是一个贴近自己生活的小片段。这也是让他们能乐此不疲地反反复复阅读同一本书的主要原因。

如果父母确实需要通过绘本故事给年幼的孩子传递一些做人与做事的道理，可以根据孩子近期出现的问题，按照孩子的年龄、兴趣和理解能力，选择孩子喜爱和合适的绘本。通过游戏和轻松的聊天形式，用生动幽默的语言将孩子带入故事，引导孩子主动发现和体会书中的道理、慢慢理解自己的行为问题，而不是强硬给孩子灌输他无法理解的各种大道理。

父母通过轻松有趣的亲子阅读，让孩子首先与故事产生共鸣，体会到快乐；不要从成年人的视角刻意给孩子提示故事的意义，迫不及待地说出大人认为的道理。父母只需要正确引导，让孩子通过对故事的理解，主动体验和探索生活，在潜移默化的熏陶中，逐渐形成自己的认知与判断。只有这样，孩子才能真正体会一个个生动的故事中所蕴含的各种生活哲理，包括生活习惯、行为规范、情绪管理、文化价值观和人生信仰等，并通过自己的体验和理解，逐步将其转化成内在的动力，自觉遵守各种行为准则。

17. 认为阅读就是要做到能背诵。

点评：很多父母很在意孩子是否能够背诵整篇故事，以此来训练孩子的记忆力。但是父母却往往忽略了孩子对故事的真实感受和他们的想象力。当孩子真心喜爱所阅读的内容时，他们很容易就能记住一个故事，而且也愿意与他人分享他们对故事的感想，并用自己的语言和想象力来重新讲述原版故事。

强迫孩子机械背诵所阅读的内容是没有意义的。孩子通过阅读获得观察力，通过感受故事中的情节和画面色彩获得想象力，用自己的语言讲述故事锻炼了表达能力，这样孩子才能最终真正喜欢阅读并持之以恒，而这些能力比背诵一句话与一个故事更有意义、更重要。

18. 认为阅读就是要学会复述故事。

点评：如果父母没有强迫，孩子是在理解的基础之上自愿复述这个阅读故事的，那么这是一个好现象。但是，如果父母给孩子阅读就是为了让孩子必须学会复述，而不是调动孩子阅读的兴趣和内在主动学习的动力，那么孩子就有可能产生很大的精神压力，阅读也就失去了本来的意义。

在孩子还没有准备好的时候，父母不要逼迫孩子复述故事。当孩子主动愿意与父母分享阅读体会的时候，父母就应该鼓励孩子并做个好听众，好好欣赏孩子带来的故事感受。

19. 故事书的字越多，就越能学到东西。

点评：父母不能以字多还是字少来衡量一本书的质量高低，不能以成年人的视角去看待孩子对待一本书的态度。也许在父母眼里，一本没有多少字数的书是没有意义的，但那些有趣的图画却深深吸引着孩子。孩子愿意反复阅读那些美丽的图画，这是非常有意义的阅读经验的积累；尤其当孩子看图说话的时候，就更体现了孩子的语言能力、观察力、想象力和理解力，这也为孩子今后的写作和创造性的思维方式打下了良好的基础。

20. 孩子都上学了，就不需要父母阅读和朗读了。

点评： 很多父母都认为，孩子上了小学之后就没有必要再给孩子阅读了，孩子也没有必要再读绘本了，因为绘本太简单了，孩子应该接受学校的正规教育了。但是，很多父母时常会抱怨孩子在上了小学之后就不愿再阅读了。父母没有想到，他们的孩子在上小学之后就失去了阅读的兴趣，正是与他们的这种想法和做法有关。

其实，不少针对小学生和中学生的图画书并不像父母所想的那样幼稚，很多很有趣且具备阅读的价值，尤其对于小学阶段还没有能力根据纯文字构建自己的思考能力、缺乏生活经验的儿童来说，优质的图画书仍然能帮助孩子感受和理解文章的情节。

孩子在6~12岁这个阶段能够独立阅读了，但是父母还是应该每天花上20多分钟的时间为孩子阅读和朗读，不要放弃这种宝贵的亲子阅读时光，让孩子进一步提高和完善叙事的能力，逐渐真正做到用更多的词汇和复杂句来形容一个完整的故事。如果所述的故事内容丰富、有头有尾、人物关系清晰、对话和场景描述都非常生动，那么孩子就一定能养成良好的阅读习惯。

以上就是二十个关于父母在亲子阅读这个问题上容易掉进去的“大坑”，父母可以核查一下自己是否中招了。避开这些陷阱，亲子阅读才能达到事半功倍的效果。只有遵循儿童阅读的发展特点，父母才能够真正激发孩子的阅读兴趣，帮助儿童从小养成良好的阅读习惯并让这习惯伴随终身。

二、父母如何引导孩子养成良好的阅读习惯

孩子不爱读书怎么办？孩子只喜欢玩电子游戏怎么办？怎样做，孩子才能对阅读感兴趣，并养成终身阅读的好习惯？面对诸如此类的问题，父母总是感到很头痛，因为现在好玩和诱惑的东西太多，这些都分散了孩子对于阅读的兴趣和专注力。但是如果孩子不具备基本的阅读能力，就不可能顺利地掌握各种知识，不可能很好地理解人生和拥有未来，我们的教育就是失败的。

所以，父母能送给孩子的最佳礼物就是让他在上学之前就获得良好的终身阅读能力。而培养终身阅读习惯的最佳途径，就是父母每天定期抽出时间和孩子一起阅读，让阅读成为孩子每天不可或缺的重要组成部分，这会让整个家庭和孩子终身受益。

以下是帮助孩子养成终身良好阅读习惯的一些建议，供大家参考。

1. 一个充满浓郁书香气的家庭，是成就孩子爱阅读的基础。

点评：让孩子爱上阅读的最重要也是最简单的办法，就是父母喜欢阅读，给孩子树立好榜样，为孩子营造温馨的家庭阅读氛围，让孩子生活在一个爱读书的家庭里。

请在日常生活中多讨论阅读的话题；与孩子分享爸爸妈妈小时候喜欢的故事书；每天固定一个时间，关掉电视、手机等电子设备，一家人在一起静静享受阅读的乐趣；带孩子参加各种儿童读书会和故事会；在家中为孩子安排一个他独自的阅读空间，那里有适合他的小书架和小板凳，书架上放着他喜欢的童话故事、科幻故事、动物世界、科学常识、英雄人物传记、经典读物等。生长在这种喜爱和尊重阅读的家庭中的孩子，读书就一定会像吃饭和睡觉一样自然而然。

2. 阅读尽早开始，让婴儿爱上图书和阅读。

点评：婴幼儿喜欢吃书和扔书，这是正常的现象。父母与其呵斥孩子，不如好好利用孩子把书当玩具的特点，通过有趣的亲子游戏让他们自动更正这个“毛病”，帮助他们养成良好的生活习惯，同时让他们喜爱图书、爱上阅读。

有的父母会问：婴儿看什么书合适？我们在第一部分讲过要尊重孩子自己选书的权利。但是对于婴儿来说，他们还不会挑书，父母可以为他们朗读自己喜爱的各种书籍，用有趣的图画编成的故事讲给孩子听，给孩子买吱吱叫的玩具书和布书等。不要担心孩子听不懂，婴儿通过听父母的声音而得来的安全感比对故事的理解更重要，这种安全感让他们逐渐对书有直观的感觉和依赖感。

所以，当孩子还在妈妈的肚子里的时候，父母就可以开始给他讲故事，等孩子出生了继续为他讲。父母每天坚持讲，从几十秒到几分钟，再到十几分钟和几十分钟，一年又一年，让孩子在阅读中健康快乐地成长。

3. 让幼儿养成睡前固定阅读的好习惯，也帮助孩子晚上定时睡觉。

点评： 很多孩子晚上不愿意早睡觉，尤其是看电视或者玩得很疯的时候，就更不愿意按时睡觉了，熬夜对幼儿的身体发育伤害很大。

父母可以设立固定的晚上阅读和睡觉时间的规则，晚上给孩子洗澡后，让孩子安静下来，在床上为孩子读书讲故事。孩子不但养成了良好的生活习惯，而且还喜爱上了阅读；父母也可以约束自己，在晚上抽出时间来陪伴孩子，增强亲子阅读互动，一举两得。

4. 鼓励孩子与小伙伴们一起阅读。

点评：很多孩子都很喜欢和他们的小伙伴们一起读书和玩耍。孩子的小伙伴，可以是玩具和小宠物，也可以是同龄的小朋友或者自己的弟弟、妹妹等。父母必须支持他们的行为，因为有了小伙伴们的加入和分享，有了同龄人之间的阅读交流和相互引导，孩子阅读的乐趣就更多了。

5. 父母和孩子一起表演故事。

点评： 幼儿教育中，孩子所学的一切几乎都是从游戏中得来的。阅读对于孩子就是一种游戏，一种文字、图画、声音、肢体动作和各种知识组合成一起的游戏。所以，父母可以和孩子通过角色扮演，将故事演绎得妙趣横生——可以是简单的几句对话，也可以改编故事情节，或者将故事排练成小话剧，一起疯玩，一起疯读。让孩子参与进来，成为故事的一部分并在游戏中真正理解阅读，让孩子的语言能力和创造力得到提升，让阅读变得更有趣。

6. 通过旅行、画画、手工等各种实践活动，拓展阅读之外的兴趣。

点评：父母要结合阅读想方设法变出五花八门的各种玩法来激发孩子更多的兴趣爱好，从而让孩子深深爱上阅读、更好地理解阅读。

父母可以与阅读相结合，带孩子去旅行，了解一个地方的风土人情；带孩子去看与故事相关的电影，并一起进行有趣的细节讨论；在确保手工的颜料是可食用的、材料是安全的前提下，和孩子一起做手工；鼓励孩子画出心中的故事；一起做科学小实验；和孩子一起讨论书中的地理、历史、动植物等话题，并根据实际情况带孩子去实地考察。在实践的过程中，父母一定要放松心态，不要给孩子任何压力，而是引导孩子从多个角度主动深入并不断地理解所阅读的书籍，丰富孩子的阅读人生。

7. 除了讲故事之外，还可以为孩子声情并茂地朗读。

点评：朗读与平白的故事叙述有所不同，父母可以时常用调整阅读的方式，以更好地调动孩子阅读的积极性。父母在朗读之前，要先了解故事情节、角色特点和语言风格；在为孩子朗读的时候，父母要用清晰的、富有感情色彩的、节奏恰当的声音，把孩子感兴趣的作品一字一句地朗读给他听。孩子的天性都是活泼、可爱和好奇的，而父母表演性的朗读正是充分利用了孩子的天性，很自然地把孩子引入阅读中来。

8. 鼓励孩子用自己的语言把书中的故事讲给父母听。

点评：当孩子开始对阅读感兴趣，并有了一定的语言基础之后，父母可以鼓励孩子用自己的语言为家人或者小伙伴们讲述书中的故事。这样做不仅可以发挥孩子的想象力，提高其语言组织能力，培养其独立思考的能力，还可以让孩子更加热爱读书、学会仔细读书。所以，每次孩子讲完故事，父母都要给予鼓励，并向孩子虚心请教一些问题，让孩子拥有自豪感和成功的喜悦，以此激发孩子更大的阅读兴趣和持续阅读的动力。

9. 和孩子轻松讨论书，鼓励孩子提出自己的问题。

点评：在阅读的过程中，孩子一定会有很多的问题，这是非常好的交流机会，父母应该重视并创造轻松的讨论方式。父母要及时回答孩子的问题以满足他的好奇心，如果不清楚答案，父母也不要感到难为情，而是告诉孩子实情并邀请孩子一起寻找答案。为了更好地帮助孩子理解阅读故事，父母也可以时不时向孩子提出自己的问题，但是不要强调“正确的答案”和中心思想，而是一切基于与孩子平等讨论的前提，同时通过双方的交流促进孩子说出更多自己的想法和见解。这种交流是无压力的，是尊重孩子的想法的，结论也是开放的。

父母与孩子轻松讨论读书的氛围，不但可以增添亲子之间的心灵沟通，还可以让彼此有更多有趣的话题，有助于孩子真正喜欢阅读。父母不需要说教，只需要培养与孩子交流和沟通书中内容的好习惯，孩子的语言能力与独立思考能力就能不断得到提高。

10. 留出空间，鼓励孩子自主阅读。

点评：在亲子阅读中，父母除了为孩子讲故事和朗读之外，还要留出一定的空间鼓励孩子自主阅读。培养婴幼儿自主阅读，并不是要孩子认识多少个字、阅读多长时间，而主要是培养他们的专注力和阅读兴趣。

一个大字不识的婴儿也可以自主阅读，他们通常手里抓住卡片，或者是通过看图片和翻书满足自己对于阅读的好奇心；有的还会对着图画，说着旁人听不懂的内容。父母不要打扰婴幼儿的自主阅读，更不要以孩子看懂多少或者识字多少来衡量阅读效果。只要孩子有兴趣自己捧着书，哪怕只有几十秒，这就是培养阅读好习惯的开始。

父母要做的就是为孩子创造一个安静、轻松、自由的自主阅读空间，鼓励孩子按照自己的兴趣读书。如果孩子每次只读一两句或者一次不能看完一本书，父母不要抱怨，父母只需要耐心等候，并将各种有趣的阅读形式穿插在孩子的自主阅读阶段，比如像以上所述的游戏和讨论等，不断鼓励孩子坚持阅读，孩子就一定能够养成终身的自主阅读习惯。

11. 记录孩子的阅读成长，鼓励孩子做阅读笔记。

点评： 父母通过做笔记和手工的方式，比如做纸卡龙或者纸卡火车等，有趣地记录下孩子的阅读经历和童言稚语，不但能够经常让孩子看到自己的“胜利果实”，对孩子的阅读也是一种激励，是亲子活动的温馨体现。父母还应该鼓励孩子用自己的方式写下阅读笔记。等孩子们长大了，这些记载都将让他们重温儿时阅读的快乐，勾起对儿时与父母在一起时温暖的阅读生活的回忆。

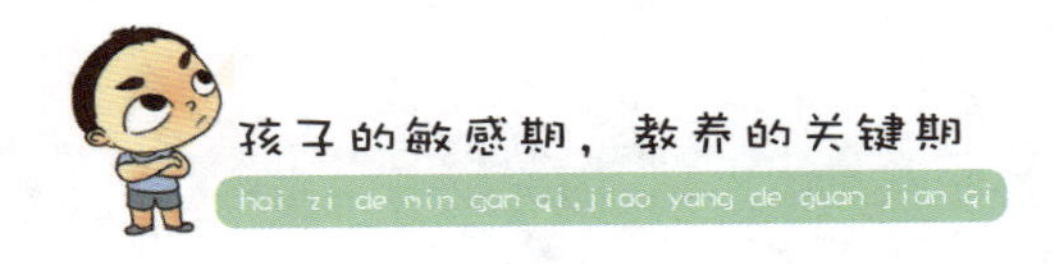

12. 孩子长期坚持阅读对学习成绩的提高很有帮助。

点评： 幼儿的阅读不要带有功利性的色彩，否则会破坏孩子的阅读兴趣、想象力和创造力。但是如果一个孩子能够坚持长期阅读的好习惯，这的确对他们上学后的各项学习成绩的提高有着很大的帮助作用。爱好阅读与学习成绩好并不矛盾，因为热爱阅读的好习惯能让孩子拥有较强的想象力、专注力和创造力；拥有独立思考、分析判断、综合归纳和逻辑思维能力；孩子的知识面由于爱好阅读而变得开阔，就更容易理解和吸收课堂上学到的知识，并进行举一反三和融会贯通；热爱阅读的孩子对各类知识的学习会更有兴趣。

所以，父母在婴幼儿阶段就要开始培养孩子的阅读兴趣和坚持阅读的好习惯，这比让孩子上各种补习班去被动学习的作用更有实效。因为终身热爱阅读可以培养孩子主动学习的能力，这是发自孩子内心深处热爱学习的能力，是孩子自己拥有的能够独立面对学习和生活的能力，是孩子人生的无价之宝，并让他们受益一生。

13. 阅读是婴幼儿英语启蒙的良好方式。

点评：越来越多的父母在关注幼儿英文学习的问题，但是绝大多数父母所采用的方法却是错误的。首先，在认知上，父母必须清楚的是孩子应该先学好中文母语，并养成良好的中文阅读习惯，这是理解和学习其他各类知识的最重要基础。其次，关于幼儿的英文学习，如果孩子真的感兴趣，父母不妨从游戏和英文儿歌开始，让孩子对什么是英语有个简单的认识，并调动孩子对英文学习的积极性，然后逐步过渡到英文阅读。

不要强迫幼儿学习英文，也不要担心自己的英语发音不准确，如何激发孩子的兴趣才是关键。同中文阅读一样，英文阅读不是强迫幼儿要去认识多少个英文单词，而是通过有趣的阅读，激发孩子探索世界的求知欲，提升孩子的想象力、创造力和学习英语的内在动力。

英文亲子阅读的最大价值就是在孩子和书籍阅读之间建立一座桥梁，这座桥梁不需要完美，重要的是让孩子成为一个爱书的人，能够有自主的动力去求知，这就足够了。知识的学习是一个需要长期努力的渐进过程，父母如果给予过多的压力逼迫幼儿去参加英文学习班，被动学习英文知识，只会让孩子讨厌英语，并在上学后失去继续学习的专注力，甚至最终厌弃这门学科。

对于年幼的孩子来说，父母的声音就是世界上最温暖的声音，父母讲述的故事就是世界上最动听的故事。所以，父母不要介意自己没有故事机的声音好听，因为孩子更在乎的是跟你相依偎，一起享受阅读带来的愉悦。为了孩子一生的幸福，请陪伴孩子并和他一起阅读吧！

最后的总结：

世界是不完美的，在相当长的一段时间里，优质的教育资源也很难公平地“抵达”每一个家庭和每一个孩子。但是阅读给一个孩子的机会是均等的，阅读也是最棒的通往知识的桥梁。所有父母都可以通过阅读让孩子获取知识、开阔视野、丰富人生。

阅读让孩子终身受益，但良好的阅读习惯和阅读能力需要持之以恒地去获得。所以，立即行动，让改变从阅读开始，让孩子拥有阅读习惯和阅读能力，这将赋予孩子一生长跑所需的耐力和定力；而父母与孩子一起相伴阅读的美好时光，将会成为滋养孩子一生的温暖记忆，帮助孩子幸福健康地成长。